JEAN-CÔMES NOGUÈS

mon pays sous les eaux

illustrations de
SOLVEJ CRÉVELIER

Castor Poche Flammarion

Jean-Côme Noguès, l'auteur, est né à Castelnaudary (Aude), le 28 février 1934. Son père était un Catalan d'Argelès-sur-Mer (Pyrénées-Orientales) et plus catalan que lui on n'aurait pu trouver. Sa mère était une Languedocienne d'un petit village du Lauragais, Soupex, situé à une dizaine de kilomètres de Castelnaudary.

Il a passé son jeune temps dans les vignes et les oliviers du Minervois à l'affût du moindre livre à dévorer et rêvant à des ailleurs alors inaccessibles. Enfant du Midi rassasié de soleil, il tomba un jour, au hasard des pages d'un conte, sur ces mots dont la musique et le mystère l'enchantèrent : « Princesse, on l'a emmené dans les confins du Nord. » Que de songes entraînèrent ces confins du Nord ! Il imaginait un pays fantastique avec tantôt des sapins innombrables et noyés de brume, des montagnes obscures, tantôt des côtes de rochers ou du sable toujours mouillé par les marées, phénomène jamais vu par le petit garçon habitué aux rivages de la Méditerranée.

A l'âge adulte, il a quitté le pays de son enfance, où il retourne tous les ans. Il est devenu enseignant, il a mis noir sur blanc quelques-unes de ses songeries et il a un peu voyagé.

Après plusieurs séjours en Flandres, il a écrit le dernier chapitre de *Mon pays sous les eaux* au bord de la mer du Nord, à Malo-Terminus. Le sable était mouillé, le ciel immense et gris, les vagues bruyantes et le plat pays aussi beau que dans ses rêves d'enfant.

Du même auteur :

Silvio ou l'été florentin - Editions de L'Amitié - Hatier.

Le Faucon déniché - Livre de Poche Jeunesse - Hachette.

mon pays
sous les eaux

Castor Poche
Collection animée par
François Faucher et Martine Lang

Une production de l'Atelier du Père Castor

Papa fantôme - Livre de Poche Jeunesse - Hachette.
Le Vœu du paon - Folio Junior - Gallimard.

Solvej Crévelier, l'illustratrice, est née à Paris en 1947. « Mon enfance, dit-elle, c'était davantage Andersen que Charles Perrault. A l'école primaire déjà, je dessinais dans la marge des cahiers. Maintenant, je dessine enfin sur la page entière. Illustrer ce qui ne se voit pas : le vent, la joie, le chagrin, la nuit, l'amour..., c'est toujours un peu de défi. Mais quelle sensation grisante de faire naître tout cela avec un crayon, de rendre réel ce qui n'existait jusqu'alors que dans l'esprit et les mots d'un auteur... »

Mon pays sous les eaux

Juin 1672. Peet quitte la maison de ses parents au bord du Zuiderzee pour aller se placer comme garçon d'auberge chez maître Boerhave.

Le printemps est beau ; la Hollande est paisible malgré d'inquiétantes rumeurs. Et, tout à coup, c'est la nouvelle : Louis XIV a passé le Rhin avec toute son armée. Il envahit le pays...

Peet, un soir, monte un pot de bière à un étrange voyageur qui semble se cacher dans sa chambre. Qui est-il ? Quel est son secret ? Quand le jeune homme l'apprendra, il en frémira. Pour arrêter l'ennemi, les Hollandais se préparent à crever les digues et à inonder volontairement leur pays !

Et Peet, abasourdi, se voit confier la mission périlleuse que le voyageur, blessé, ne peut accomplir lui-même...

Prix allemand Pheis der Leseratten 1991

N Septent
Occidens
Orie
Meridiens
ZUY DER
ZEE
Amster
dam
Muyden
Naerden
Hilversum
Utrecht
Province
d'Utrecht
en
1672

Hollande,

avril-juillet 1672...

Chapitre premier

PEET s'assit tout au bout de la barque, les genoux serrés, son petit baluchon posé à ses pieds. S'il avait été seul, il aurait laissé libre cours à son chagrin. Mais son père enfonçait déjà la longue perche de bois dans le fond vaseux du canal. Sur la berge, la mère pleurait en souriant et faisait mille recommandations. Les deux petites sœurs, qui pleuraient aussi, agitaient des mouchoirs à qui mieux mieux.

Peet serra très fort au creux de sa main le petit caillou rond qu'il emportait avec lui et, très droit, très raide, il réussit à refouler ses larmes.

— Donne-nous de tes nouvelles autant de fois que tu le pourras, criait encore la mère, et sois bon et poli !

Il la regardait s'éloigner en même temps que la chaumière. Chaque fois que le père enfonçait le long bâton dans l'eau, c'était un grand espace nouveau qui séparait le garçon du reste de sa famille.

La mère avait oublié sans doute quelque conseil, car, ramassant ses jupes et ôtant ses sabots, elle se mit à courir sur la berge, dans le vain espoir de rattraper la barque.

— Peet, prends garde à la guerre, mon petit !

Elle s'arrêta soudain, immobile, et Peet ne la vit plus que confusément à travers la buée de ses propres larmes. Maintenant que la barque s'en allait, il pouvait pleurer. Le père ne semblait pas s'apercevoir de la présence de son fils. Peet ne s'y trompait pas pourtant. Il le savait soucieux de voir partir son garçon, à l'heure où une grande menace planait sur les Provinces-Unies*.

Mais à quoi bon les mots entre hommes ? Peet avait quinze ans et on l'avait placé comme garçon d'écurie dans une auberge de Naarden.

Cela devait être ainsi, même s'il est dur de quitter la chaumière de son enfance, même si le roi d'un pays voisin veut faire la guerre.

La barque, glissant entre les prés salés, s'écartait peu à peu des digues puissantes sur lesquelles les eaux du Zuiderzee venaient se

* Voir note historique, p 253.

briser avec une colère toujours renouvelée. D'un côté de la digue il y avait la grande envie impatiente des vagues qui voulaient reconquérir un pays qu'on leur avait volé ; de l'autre côté, ce pays, calme et plat, au-dessous du niveau de la mer, traversé de canaux et tout bruissant d'ailes de moulins. Pour faire communiquer ces deux mondes en lutte constante, on avait édifié les écluses de Muyden qui, en s'ouvrant, auraient précipité la houle blanchie d'écume sur une campagne que l'homme avait créée entièrement.

Mais Peet ne pensait pas à tout cela. Il ne voyait que la petite bourgade qu'il quittait. Il n'imaginait que la maison inconnue dans laquelle il allait entrer.

La barque, maintenant, avançait presque d'elle-même. Le père laissa flotter la perche un instant et se tourna vers son fils.

— Belle journée, Peet.

— Oui, père.

On était au printemps quand s'ouvrent les tulipes. Entre les prés, de grandes nappes de tous les jaunes et de tous les rouges se mêlaient. Mais les paysans auraient-ils le temps de faire leur moisson de fleurs ? Louis XIV, le roi de France, marchait avec ses armées sur la Hollande et la Hollande n'avait que peu de soldats pour s'opposer à ce roi magnifique, rongé d'ambition.

— La mère a raison, tu dois te montrer prudent. Tu verras beaucoup de monde au relais, ne bavarde pas trop et méfie-toi.
— Oui, père.
— Mais tu es raisonnable, je le sais. Tu feras bien ton travail et bientôt tu reviendras à Muyden.
— Je le voudrais tant ! J'étais si bien chez vous avec mère et mes sœurs !
— La vie est ainsi faite, nous n'y pouvons rien. Nous sommes trop pauvres, et chacun de nous doit travailler.

Pendant un long moment il n'y eut plus que le bruit très doux de la barque. Le père connaissait le dédale des canaux qui quadrillaient les prairies. Peet se laissait conduire. Peu à peu, son chagrin se fit moins dur. Tout le matin, le pauvre garçon avait eu, selon l'expression de sa petite sœur, des papillons dans l'estomac, mais maintenant les papillons restaient plus tranquilles.
— Nous allons nous arrêter un instant, dit le père, tu dois avoir faim. Et puis il nous est bien permis de souffler !
Ils frôlèrent les berges en bousculant les touffes d'iris d'eau. Le père sauta dans l'herbe d'un mouvement qui fit à peine osciller la barque. Peet, qui n'aurait pas voulu bouger, le rejoignit comme à regret.

— Regarde le bon repas que ta mère nous a donné ! Tiens, prends !

Le père sortait d'un torchon blanc des tartines de gros pain beurré couvertes de viande de bœuf bouillie et râpée. A la maison c'était pour Peet une fête chaque fois que la mère en préparait. Ce jour-là, il eut du mal à les manger. Les provisions de route le replongeaient dans sa tristesse. C'est qu'il y retrouvait le soin maternel et cette tendresse si bonne, si douce qu'il ne connaîtrait plus à l'avenir.

Cependant il fit un effort. Pour se montrer brave, il sourit à son père dont il venait de surprendre le regard inquiet posé sur lui. Afin de ne pas céder à l'attendrissement qui les gagnait tous deux, l'homme frotta d'une main vigoureuse les cheveux roux de son fils.

— Il faut repartir, maintenant !

Il empaqueta rapidement les restes du repas en prenant soin de ne rien oublier.

— Ne sois pas triste, Peet. Même si nous sommes séparés, nos cœurs sont toujours ensemble.

Peet garda cette phrase toute chaude dans sa mémoire. Il se la rappellerait aux heures difficiles, c'était promis. Une phrase affectueuse est un cadeau que l'on emporte avec soi ; on n'est plus seul quand on l'a entendue une fois.

La barque reprit sa route silencieuse, saluée par les ailes des moulins et les vaches noir et blanc qui, toujours curieuses, levaient leur mufle sur son passage.

Puis elle déboucha dans le Naardenmeer. Elle se fraya un chemin dans le fouillis des roseaux d'où s'envolaient des bécassines et des poules d'eau. Le lac frissonnait sous le vent de la mer. La barque gagna le large jusqu'au moment où la perche ne permit plus de toucher le fond.

Alors, le père suivit la courbe de la rive.

— Regarde, tu vois, là-bas, les fortifications ? C'est Naarden. Le relais se trouve de l'autre côté de la ville, un peu à l'extérieur.

— Y arriverons-nous en barque ?

— Crois-tu qu'il y ait en Hollande un endroit où l'on ne puisse aller en barque ?

Les remparts de Naarden étaient maintenant parfaitement visibles. Grosses murailles qui sortaient de l'eau, prêtes à protéger la place, à la défendre contre les canons des envahisseurs.

Ils contournèrent les murs de la ville et se faufilèrent dans un étroit canal bordé de saules.

Le père se redressa comme pour interroger l'horizon.

— C'est là-bas, dit-il en montrant du doigt un groupe de maisons qui semblait posé sur l'étendue plate des pâturages. Là-bas, tu vois ces grands arbres ?

Peet aperçut quatre ou cinq chaumières brunes serrées au bord d'une route. Ses doigts se crispèrent sur le petit caillou qu'il avait emporté de Muyden et qui ne le quitterait jamais. Le moment d'être courageux approchait.

Ils accostèrent peu après. Aux aboiements d'un chien, un long gaillard rouquin sortit de l'écurie et vint se planter sur la berge sans chercher à dissimuler sa curiosité. Son visage osseux, où s'ouvraient des yeux saillants dénués d'expression, semblait fasciné par l'arrivée des deux étrangers. Le chien jappait toujours avec un fougueux emportement et jetait sa hargne de gardien trop zélé.

— Bonjour, dit le père. C'est bien ici l'auberge de Cornélius Boerhave ?

Le grand rouquin se mit à rire bêtement et ne répondit pas.

L'aubergiste, prévenu par les cris de son chien, apparut sur le seuil de la maison principale. C'était bien l'aubergiste, on ne pouvait s'y tromper. Il était énorme, avec un gros ventre sur lequel se croisait mal une veste de drap marron. Ses joues roses et brillantes fermaient presque ses yeux et se rehaussaient vers les pommettes d'un rouge plus coloré, comme s'il venait de soutenir pendant un long moment l'ardeur du brasier tout autour de ses broches.

— Holà, la compagnie ! s'écria-t-il. Soyez les bienvenus !

Il fit une tentative pour presser un peu le pas en soutenant son ventre de ses doigts écartés, mais il y renonça très vite.

— Venez ici, approchez !

Le grand rouquin continuait à rire sottement, sans savoir pourquoi.

— Et toi, Nicholas, va retourner la paille des chevaux. Que fais-tu là à bayer aux corneilles ?

Le valet d'écurie partit en traînant les pieds.

« Voilà l'endroit où je vais vivre », pensa Peet.

Dans la grande salle aux murs sombres, une robuste femme astiquait des pots d'étain.

— C'est le garçon, Agatha. Donne donc à boire !

La femme se retourna. Au regard qu'elle lança à Peet, celui-ci comprit qu'elle n'était pas bonne.

— Bonjour, dit-il en triturant son petit baluchon.

Mais il n'obtint aucune réponse.

La bière lui parut amère comme l'avenir qu'il entrevoyait dans cette maison inconnue. Il la but pourtant, à petites gorgées, sans prêter attention à la conversation des deux hommes qui débattaient le prix de son travail.

Le père tapa ensuite sur la table du plat de la main. L'aubergiste et lui étaient d'accord, il n'y avait plus rien à dire. Peet les regarda quand ils se levèrent. Le père enjamba le banc et s'approcha de lui.

— Bon, je pars, Peet, dit-il d'un ton brusque, comme s'il avait été pressé d'en finir. Donne satisfaction à maître Cornélius.

Il allait s'éloigner. Dans quelques instants, Peet ne le verrait plus, il serait séparé de lui comme il l'était déjà de sa mère et de ses sœurs.

— Si tu en as l'occasion, quand un courrier passera par ici et ira vers Muyden, donne-nous des nouvelles.

Peet avait trop de chagrin pour répondre. Il baissa la tête. Déjà son père se dirigeait vers le canal d'un pas plus long qu'à l'accoutumée. Il le regarda jusqu'au moment où la barque disparut derrière l'écran des peupliers.

Alors il se tourna vers le couple qui l'observait avec des yeux bien différents, et la femme prononça ses premières paroles.

— Pose là ton baluchon et va mener boire le Ratche.

— Dis, la mère, intervint maître Cornélius, laisse-lui le temps d'arriver !

— Faut qu'il sache tout de suite que ce n'est pas une maison où l'on s'amuse !

— Pour ça, il le verra vite !

La femme lança à son mari un regard luisant de colère.

— Est-ce qu'on s'amuse dans les bonnes maisons ? Et ma maison est une maison sérieuse !

— Te fâche pas, Agatha, ce que j'en disais, c'était pour plaisanter.

A la façon dont Agatha astiquait ses étains, on voyait bien qu'elle ne plaisantait pas. Son chiffon était partout en même temps, il s'enroulait autour de l'anse, tirait des reflets glacés des flancs de la cruche et allait chercher à l'intérieur le moindre recoin où aurait pu sécher un peu d'écume de bière. Cornélius savait sans doute que c'était là un signe précurseur d'orage, car il dit avec un clin d'œil malicieux :

— Viens, petit, je vais te montrer les bêtes.

Et il pressa le pas, heureux de quitter la salle où, rapidement, il n'aurait plus été le maître.

— Elle n'est pas méchante, tu verras, mais elle est toujours de mauvaise humeur. Que veux-tu, il faut être patient !

Dans l'écurie, Nicholas pansait trois chevaux avant l'arrivée du coche.

— Donne-leur assez d'avoine, dit l'aubergiste, ils auront à fournir une longue course.

Puis, se tournant vers Peet :

— Tu aideras Nicholas. Nous avons un relais deux ou trois fois par semaine. Le coche d'Utrecht à Amsterdam fait une boucle par Bussum et par Naarden. Tu devras retourner la paille des litières, porter les seaux d'eau et puis t'occuper un peu du vieux Ratche qu'on m'emprunte de temps en temps pour haler les chalands.

Comme s'il avait entendu son nom, un gros cheval de la Frise tourna la tête et fit grincer sa chaîne passée dans un anneau de fer. C'était un cheval énorme, d'un beau gris pommelé. Ses sabots sur lesquels retombaient de longs poils comme de l'étoupe, sa croupe rebondie, son encolure courte et puissante, tout indiquait une force paisible qu'accentuait encore le regard bon enfant de deux gros yeux à demi voilés par une crinière hirsute.

Peet, à la minute même, sut qu'il avait un ami. Il s'approcha du cheval qu'il caressa au front, puis sur les naseaux.

— Je vais le faire boire tout de suite, maître Cornélius.

L'aubergiste fut satisfait de tant de bonne volonté.

— Eh bien ! tu ne perds pas de temps, au moins ! Mais d'abord, viens que je te montre ton logement.

Il jeta un coup d'œil vers la porte comme s'il eût redouté l'arrivée de sa femme, puis il ajouta en baissant la voix :

— Si tu as froid, tu me le diras. Je te donnerai une couverture de plus.

Ils étaient au fond de l'écurie. Dans un

recoin, un lit rudimentaire était à l'étroit sous l'escalier qui montait au fenil.

— Voilà, tu coucheras ici. Le lit ne paie pas de mine, mais il est bon. Je le sais car je couchais dedans au temps où mon grand-père tenait cette auberge. Et puis, tu auras ce coffre pour mettre tes affaires.

Un carrosse arrivait dans la cour. Maître Cornélius planta là son nouvel employé pour s'approcher obséquieusement de la voiture dont une main relevait les mantelets de cuir.

— Soyez les bienvenus, messieurs !

Peet resta seul, ne sachant trop ce qu'il devait faire. Il posa son baluchon près du coffre et s'assit sur le bord du lit. Ratche, qui était sans doute un cheval très curieux, souffla bruyamment par-dessus le bat-flanc.

— Je ne t'oublie pas, n'aie pas peur. Viens, allons boire !

Le garçon pénétra dans la stalle et appuya sa tête contre l'encolure du cheval.

— Si un jour j'ai un morceau de gâteau, il sera pour toi.

Une poule, qui couvait dans la crèche de Ratche, s'envola en caquetant avec l'air de crier.

A partir de ce moment-là, Peet n'eut plus une minute à lui. Le travail l'empêchait de penser à sa tristesse. Il aida à atteler les chevaux qui relayaient, porta les bagages des voyageurs qui passaient la nuit à l'auberge, partit à la recherche d'un cochon égaré, soupa frugalement à la table commune et retrouva, avec une sorte de bonheur mélancolique, son coin sous l'escalier, au moment où la maison s'assoupissait dans la nuit.

Il souffla la chandelle et, bien que la saison fût déjà avancée, il tira la couverture jusqu'à son nez. Il avait besoin de se sentir isolé, coupé du reste du monde pendant de longues heures. Il avait attendu le soir avec impatience pour penser à son aise aux événements de la journée et prévoir ceux du lendemain.

« Je suis ici pour des mois, des années peut-être, se répétait-il. A la maison, les iris fleurissent sur le chaume du toit et, pour la première fois, je ne les verrai pas. Je ne les verrai plus !

Que faisaient ses parents à la même heure ? Sa mère ne dormait pas, c'était sûr, et son père non plus sans doute.

Mais les émotions et le travail du jour eurent raison de son chagrin.

Il s'enfonça dans le sommeil sans même s'en rendre compte.

***

Peet se réveilla en sursaut. Il venait de recevoir un grand coup sur les épaules comme si un arbre, soudain, s'était abattu sur lui. Près du lit, Nicholas, son éternel rire niais aux lèvres, tenait un balai qu'il tendit au garçon.

— Salut, la compagnie ! Faut balayer l'écurie, et promptement !

— Quelle heure est-il ? bredouilla Peet en jetant un regard désemparé au petit jour blafard qui entrait par la lucarne.

— L'heure de travailler, pardi ! Tu crois pas que, maintenant que tu es là, je vais balayer, non ? C'est ton affaire !

Peet balaya l'écurie. Le valet sifflotait en le regardant, et Peet n'osait rien dire.

« Quand je serai ici depuis quelques jours, pensait-il pour se réconforter, je ne ferai pas ses quatre volontés mais, pour le moment, je dois me montrer prudent. »

Il sortit dans la cour toute bleutée du jour nouveau. Une brume légère, montée des canaux, s'étirait sur les pâturages. Les moulins tournaient dans l'air du matin et partout une grande paix régnait. Le pays, derrière les digues, semblait n'avoir aucun souci, aucune crainte.

« De l'autre côté du lac est Muyden, se dit Peet, et, à cette heure, le père est parti au pré. La mère est debout aussi, c'est souvent elle qui se lève la première. J'étais bien là-bas ! Mais

patience, quand j'aurai un peu d'argent je prendrai le coche d'Amsterdam. »

— Peet !

Le garçon se retourna. Perdu dans ses pensées, il était loin de Naarden, loin de l'auberge et loin de tout ce qui composait sa vie nouvelle. Qui donc l'appelait ainsi ?

Maître Cornélius lui faisait signe car il était temps de prendre le petit déjeuner avant le travail de la matinée.

Peet entra dans la salle où flambait un feu qui promettait de rôtir à point tout ce qu'on lui présenterait. Agatha avait disposé des pots d'étain, un grand plat surchargé de tranches de pain gris, et une terrine remplie de beurre. Nicholas était déjà attablé devant une jatte de lait fumant dans laquelle il noyait de gigantesques tartines.

— Agatha, apporte du lait chaud au petit. Il est un peu timide, je ne veux pas qu'il se laisse mourir de faim, dit maître Cornélius.

— Il n'a qu'à se servir, répondit sa femme, qui buvait debout, appuyée à la cheminée.

Peet se dirigea vers le foyer où une cruche de vieille terre se pelotonnait dans la cendre chaude. Il allait saisir l'anse quand Agatha le poussa du coude.

— Laisse donc ça, tu me la casserais bien encore !

— Je ferai attention, madame.

— On dit ça !

Mais elle l'abandonna, car les voyageurs qui avaient passé la nuit à l'auberge descendaient de leurs chambres. L'un d'eux s'assit dans un coin d'ombre et passa sa main sur sa longue figure en un geste qui trahissait le souci. Son nez aquilin, sa perruque modeste lui donnaient un air de gravité qui allait bien avec son vêtement noir.

— Ces messieurs ont bien dormi ? s'enquit Agatha avec un sourire professionnel.

— Ma foi, le lit était bon, dit l'homme en s'asseyant, mais les événements qui se préparent ne permettent guère le sommeil.

Cornélius repoussa son tabouret et s'approcha du client.

— Vous voulez parler de la guerre, sans doute ?

— Eh ! Mon Dieu, oui !

— Y croyez-vous ?

— Si j'y crois ? Il y a deux ans que le roi d'Angleterre a fait alliance avec Louis XIV. Le roi de France est jaloux de notre richesse. Notre flotte marchande, en particulier, l'exaspère.

Son compagnon lui lança un regard comme pour l'inciter à plus de prudence. Des oreilles, peut-être, écoutaient, qui sauraient bien en faire leur profit.

— Je sais ce que je dis et je n'ai aucune raison de me taire. Dans notre petite République, chacun a le droit de parler, répondit très calmement le voyageur.

— Mais, risqua Cornélius, comment le roi Charles II pourrait-il attaquer un pays protestant ?

— Charles II a toujours besoin d'argent pour ses plaisirs, et il le prend où il le trouve. Peu lui importe, d'ailleurs, le moyen employé.

L'aubergiste et sa femme étaient impressionnés par le ton chaleureux de cet homme. Son vêtement sobre, son visage sérieux leur inspiraient un respect mêlé d'une indéfinissable crainte.

— Croyez-vous donc, monsieur, que Louis XIV nous attaquera ? demanda Cornélius.

— Il est en marche. Cent trente mille hommes se sont mis en route. Et ne parlons pas des vaisseaux armés par l'Angleterre.

— C'est terrible, c'est terrible, balbutia maître Cornélius, qui voyait déjà son auberge en flammes.

Agatha posa le bol sur le coin de la table.

— Eh bien, je n'y crois pas, moi, à toutes vos balivernes ! Pourquoi le roi de France viendrait-il chez nous, puisque nous ne lui avons rien fait ?

L'homme se mit à sourire tristement.

— On peut faire la guerre sans raison valable.

— Et comment savez-vous tout ça, vous ? Vous me semblez bien renseigné !

— Je le suis en effet car ma charge est fort lourde. C'est pour cela, d'ailleurs, que j'ai si peu dormi malgré l'excellence de votre lit.

Dehors, un cavalier arrivait à bride abattue. On l'entendit sauter à terre d'un bond précipité et, tout de suite, il fut dans la salle.

— Ah ! Monsieur, s'écria-t-il en apercevant le voyageur, je vous trouve enfin ! On vous attend à Amsterdam. Mais, pour l'amour du ciel, faites vite !

Le voyageur s'élança dans l'escalier qui conduisait à sa chambre.

— Dans une minute je suis à vous !

Agatha, qui ne comprenait rien à ce qui se passait, se pencha à l'oreille du messager.

— Qui est cet homme ? demanda-t-elle.

— Comment, vous ne l'avez pas reconnu ? C'est Jean de Witt, notre grand pensionnaire.

Maître Cornélius se laissa choir sur un escabeau.

— Vous dites : Jean de Witt ?

Il se demandait comment celui qui présidait aux destinées de la Hollande avait pu rechercher, même pour une nuit, l'asile de son toit.

Chapitre 2

PEET avait une heure de liberté, Peet pouvait vagabonder une heure dans les prés ! Ce bonheur, il l'attendait depuis une semaine, depuis qu'il était arrivé à l'auberge de Cornélius Boerhave. Les tâches s'étaient succédé, toujours plus nombreuses, toujours plus urgentes, et jamais le temps de souffler un peu !

Il n'en était pas trop mécontent, car cela l'avait empêché de penser à la maison et à ceux qu'il avait quittés. Mais, le soir, une grande fatigue le jetait tout habillé sur son lit.

Et voilà que maître Cornélius Boerhave et son épouse étaient allés à Naarden pour la matinée. Nicholas pouvait bien toujours montrer sa malice stupide, il pouvait bien essayer de terroriser Peet, celui-ci avait fait toute la besogne commandée, il était décidé à profiter de cette heure de liberté.

Un sabot dans chaque main, il se mit à courir sur l'herbe nouvelle, le long du canal. Très vite, il dédaigna le chemin poudreux, creusé d'ornières. Il préférait les eaux dormantes, à peine ridées par la brise. Le ciel immense s'y reflétait avec tous ses nuages qui sont comme des fantômes de montagnes dans ce pays qui n'en a pas. Peet posait le pied sur une vanne de vieux bois et, hop ! il sautait sur le côté opposé d'une rigole, dans un nouveau pâturage où s'ouvraient d'autres fleurs.

Les herbes et les fleurs étaient pour Peet des amies mystérieuses, un peu difficiles à comprendre. Il se penchait souvent sur un calice qui lui laissait trois points d'or au bout du nez quand il voulait en respirer le parfum. Il essayait de reconnaître les bouquets d'étamines et les fragiles corolles, dans une soif d'apprendre le grand jeu de la nature.

Mais il n'était qu'un petit paysan qui, jamais, n'avait été à l'école, et jamais n'y irait.

Il s'arrêta devant une touffe de lin. Elle avait fleuri au bord de l'eau par un de ces hasards qui conduisent les graines emportées par le vent. Une dizaine d'étoiles bleu pâle se balançaient sous la brise saline ; il en cueillit deux qu'il garda dans la main.

Ses pas le menèrent ensuite jusqu'à une

chaumière isolée, ramassée sur un lopin de terre entre deux bras du canal, où il n'y avait guère de place que pour la maisonnette et quelques arbres serrés les uns contre les autres.

Sur le seuil, une petite jeune fille était occupée à faire de la dentelle. Elle pouvait avoir treize ou quatorze ans, et portait l'ample robe des femmes du pays. Ses mains s'entrecroisaient au-dessus de l'ouvrage posé sur ses genoux, dans le cliquetis sans fin des bobines de buis. Les fils s'unissaient, se séparaient ; les petits fuseaux se glissaient dans la trame, rapides, rapides, sans la moindre hésitation, sans la moindre brusquerie, et cela faisait des arabesques blanches, des dessins naïfs de fleurs et de guirlandes sur le sombre coussin en velours d'Utrecht.

Peet s'arrêta, surpris. Il avait déjà vu travailler des dentellières, mais une dentellière aussi jolie avec d'aussi beaux cheveux blonds, jamais !

La jeune fille suspendit net le crépitement de ses bobines et leva les yeux. Elle rougit un peu, parce qu'elle ne savait ce qu'il fallait penser de ce garçon qui la regardait avec tant d'insistance, puis elle prit le parti de sourire.

Alors Peet remit ses sabots et, sur la planche rongée par trente hivers, il traversa le canal.

— Bonjour, dit-il avec sa simplicité habituelle, je m'appelle Peet.
— Et moi, Marijke.
— Vous habitez ici ?
— Quelle question ! Bien sûr que j'habite ici, avec mon père, ma mère, mes deux frères et mes trois sœurs.
— Moi aussi j'ai des sœurs, mais elles sont loin.
— Vous n'êtes pas du pays, je ne vous avais jamais vu.
— Oh non, je suis de Muyden. C'est de l'autre côté du Naardenmeer.
— Et que faites-vous ici ?
— Je suis placé chez maître Cornélius Boerhave.
— Je le connais.

Elle était bavarde, la petite dentellière, et cette compagnie inattendue semblait tout à fait à son goût.

— Et avant ? demanda-t-elle d'un petit ton autoritaire.
— J'étais chez mon père.
— Il y a longtemps ?
— Huit jours.
— Quel âge avez-vous ?
— Quinze ans.
— C'est un peu tard pour se placer.
— C'est vrai. Mais, à la maison, nous avons de la volaille, il faut s'en occuper. Mon père tra-

vaille à la journée pour les riches propriétaires... Et puis, ma mère a retardé le plus possible le moment de me laisser partir.

Pour la première fois depuis son arrivée à l'auberge, Peet se sentait heureux. Quelque chose se dénouait en lui. Il aurait dit n'importe quoi, rien que pour le plaisir de rester là, en compagnie de cette petite dentellière si différente de Mme Agatha, de Nicholas et des postillons grossiers.

— Je crois que je n'ai jamais vu de plus fine dentelle.

— Oh ! Elle est toute simple, j'en fais quelquefois de bien plus compliquée.

— Est-ce que je peux rester un moment ? C'est joli de voir remuer vos doigts.

— Si vous me regardez comme cela, ils iront moins vite.

— Eh bien ! parlons, et je regarderai les nuages.

Le temps volait ; Peet avait oublié l'auberge. Quand la mère de Marijke passa la tête à sa fenêtre, elle vit les deux nouveaux amis côte à côte, qui bavardaient sans arrêt. Mais, comme le rythme des bobines ne faiblissait pas, elle retourna à son travail. C'est à ce moment-là que Marijke remarqua les fleurs de lin qui perdaient leurs corolles dans la main trop chaude de Peet.

— Elles sont fanées, vous pouvez les jeter !

— Je les ai cueillies parce que j'aime étudier les plantes. C'est étonnant tout ce qu'il y a dans une fleur : des petits sacs pleins de poudre, des petits doigts, des fils, des petits grains. Je ne sais pas leurs noms, mais je voudrais garder les plantes pour mieux les étudier un jour.
— Vous savez lire ?
— Non.
— Moi non plus. Mais je sais garder les fleurs !
— Comment faites-vous ? demanda Peet en jetant les tiges flétries dans le canal.
— Tous les ans, maman met des feuilles de menthe dans les plis du linge de notre coffre. L'année suivante, on retrouve les feuilles séchées et aplaties, mais elles ont conservé leur parfum. Et tout le coffre sent bon... Et puis on peut garder les brins de menthe.
— Aussi longtemps qu'on veut ? feignit de s'étonner le garçon.

Marijke fit « oui » de la tête.
— Si on pouvait réunir des plantes séchées, rêva tout haut Peet, ce serait comme si on lisait dans un livre.
— Un livre, c'est fait avec du papier.
— J'attacherais dessus toutes sortes de fleurs...

Il voyait déjà son herbier. Ce serait un grand album rempli d'odeurs. Il en imaginait les pages, tout en regardant la montée des nuages sur l'horizon.

— Mais je n'ai pas de papier, soupira-t-il, et je ne sais pas où en trouver.

Les bobines de buis se turent.

— Je sais, moi !

Et les bobines reprirent leur petit bruit sec, très vite, très vite, comme si elles se jouaient de l'impatience de Peet.

— Où ?

— A Naarden. Mon frère aîné travaille chez un relieur de bibles. Il vient nous voir tous les dimanches. Je lui dirai de nous apporter les morceaux de papier qui ne servent à rien.

— Nous aurons du papier ?

Peet n'avait jamais espéré une telle richesse. Du papier ! Une aubaine, c'était une aubaine qui lui venait ainsi, et jamais, non, jamais, il n'avait pensé que ce fût réalisable un jour.

— Nous le ferons ensemble, voulez-vous ? Je ne sais pas si j'aurai souvent le temps de m'échapper, car j'ai beaucoup de travail à l'auberge, mais il n'y a pas loin de là-bas jusqu'ici et, en courant tout le long du chemin, on peut venir très vite.

Il revint presque tous les jours, entre deux corvées d'eau, entre deux ordres d'Agatha, et ils firent sécher un rameau de laurier, une jonquille, un brin de ciboulette. Une tulipe leur donna beaucoup de soucis, car ses pétales craquèrent sous le poids du linge qui les pressait. Une autre se flétrit et perdit ses couleurs.

Une troisième enfin consentit à garder, en séchant, un peu de cet or fondu qui flambait dans sa corolle.

Peet ne se sentait plus malheureux. Les travaux de l'auberge lui paraissaient tout à fait supportables maintenant qu'il pouvait courir à la chaumière où il arrivait, hors d'haleine, une folle avoine à la main.

La mère de Marijke était bonne. Elle permettait à sa fille d'abandonner un moment le coussin d'Utrecht et c'étaient alors des courses dans les prés, pieds nus, jusqu'à la haie d'aubépine, jusqu'à l'écluse ou au moulin. Parfois Marijke emmenait son petit frère qui hurlait à l'arrière parce que les grands allaient trop vite et trop loin. Marijke avait une robe rayée qui dansait sur l'herbe, une coiffe blanche que le vent chiffonnait et aussi un rire gentil quand Peet lui donnait la main pour sauter une étroite bande d'eau dormante qui coupait la prairie en deux.

Un jour, elle lui fit de grands signes, dès qu'elle l'aperçut.

— Peet ! Peet !

Elle s'élança à sa rencontre, toute rose et blonde, avec des yeux qui brillaient de joie. Il courut lui aussi, sans même prendre le temps d'ôter ses sabots, content parce qu'il faisait beau et que Marijke était jolie.

— Peet ! Viens voir !

Elle lui prit la main et l'entraîna dans la chaumière. Peet se figea sur le seuil. Il n'était jamais entré dans une maison aussi belle. Chez sa mère, tout était propre, bien rangé, mais pauvre et fatigué par un long usage. Chez Agatha Boerhave, on pouvait voir, malgré le chiffon énergique de la propriétaire des lieux, la patine laissée par les coudes de mille voyageurs sur les tables de la grande salle ; la cheminée gigantesque avait connu trop de flambées pour ne pas être noire. Mais ici !... Peet regarda, tour à tour, le lit monumental dont les portes luisantes étaient soigneusement refermées, le dressoir tout bleu de faïences de Delft, et le coffre à linge qu'il savait parfumé de menthe.

— Regarde, Peet !

Marijke portait triomphalement une brassée de feuilles de papier.

— Regarde, Peet ! Regarde !

Feuilles bleues, feuilles blanches et rousses, et brunes, et noires, et jaunes, feuilles petites et larges, en carré, en triangle, tout ce qui était tombé des ciseaux du relieur et avait roulé sous l'établi se trouvait là pour la joie de Peet et de Marijke.

— C'est merveilleux ! murmura le garçon. Si, avec ça, nous ne devenons pas savants !

Les livres d'heures qu'il voyait parfois dans

les mains gantées des riches voyageuses, à l'auberge, ne lui semblaient pas plus précieux.

***

Le vieux Ratche buvait à longues gorgées, en effleurant à peine de ses naseaux l'eau claire de l'auge. Peet sifflotait sur une seule note, très aiguë, répétée sans fin, pour inciter le cheval à boire encore, mais il pensait à autre chose. Il cherchait le moyen de s'absenter un quart d'heure, un tout petit quart d'heure, juste le temps d'aller au moulin qu'on voyait là-bas et qui avait, près de sa porte, une touffe de violettes encore fleuries.

« Qu'une vache vienne à passer, avec l'appétit dévorant qu'ont les vaches, ou une fille avec son amoureux, et c'en sera fini des violettes », pensait-il.

Ratche releva la tête et se tourna vers le garçon comme pour lui demander s'il n'était pas temps de partir. Mais Peet regardait toujours les ailes du moulin dont la rotation s'accélérait sous la poussée d'un nouveau souffle du vent. Alors Ratche se replongea dans son rêve intérieur de vieux cheval qu'il n'avait abandonné que pour boire.

Une voix vint de l'écurie.

— Hé ! Peet !

« Si je pouvais aller là-bas ! » se disait toujours le garçon.

— Tu es sourd, non ?

« J'ai fini mon travail jusqu'au déjeuner, je vais au moulin ! »

— Peet ! Tête de crétin !

C'étaient bien là les manières de Nicholas.

— Tu es nouveau dans la maison, dit le valet en s'approchant. Va changer les litières.

— Ce n'est pas mon travail.

— Tu discutes ?

— Oui.

Peet se prépara à faire face à l'attaque. Sur son visage couvert de taches de rousseur, une expression butée apparut, qui fit hésiter un court instant Nicholas.

— Va faire ça, j'te dis !

— Non !

Une gifle sonore, brutale, partie on ne savait quand, s'écrasa sur la joue de Peet.

— Non, je ne le ferai pas, c'est ton travail !

— Répète-le !

— Je ne le ferai pas !

Peet vit dans les yeux de Nicholas que celui-ci allait lui donner un coup de poing. Il prit très vite un escabeau qu'il lança dans les jambes du valet, s'empara d'un seau d'eau posé sur le rebord de l'auge et, calmement, sans colère, il lui en jeta le contenu à la tête.

— Sale bête ! hurla Nicholas.

Mais son poing levé ne s'abattit pas sur l'adversaire. Peet ne bronchait pas, le seau à la main, une détermination sans faille dans les yeux. Alors Nicholas grogna qu'ils se retrouveraient, que le morveux paierait cela, et Peet, après avoir posé soigneusement le seau sur l'auge, courut jusqu'au moulin où il fut tout heureux de voir qu'il poussait toujours des violettes.

Mais il ne pouvait aller chez Marijke, car l'ouvrage ne manquait pas. Quand le travail de Peet était fini, il y avait encore les chaudrons à nettoyer, les légumes à cueillir. Agatha ne supportait pas de le voir inoccupé, elle répétait sans cesse qu'un bon chrétien ne doit pas s'amuser, et que seul le travail est bon pour sauver les âmes.

Il revint donc à l'auberge, alors que tout son cœur l'appelait dans la prairie, mais il fit un détour. Le vent jouait dans ses cheveux en broussaille qu'il recouvrait d'une humidité salée.

— Peet !

— Ça recommence, murmura le garçon, et ce sera toujours ainsi.

Une envie le prit de traîner ses sabots comme Nicholas.

— Voilà, maîtresse.

— Tu ne peux pas venir quand on t'appelle ? Va plumer ce coq !

Agatha lui mit entre les mains la bête au col pendant, marqué d'une tache rouge.

— Et fais vite !

Peet saisit le coq par une patte, avec une rage difficile à contenir. Il n'aimait pas cette besogne réservée d'habitude aux femmes et aux enfants. Il se sentait devenir un homme. Agatha s'en était vite aperçue et elle prenait un malin plaisir à le charger de toutes les plumaisons.

Poignée par poignée, les plumes partirent au vent, dénudant la peau jaunâtre. Peet s'attaquait aux ailes, quand Cornélius arriva, essoufflé, le visage en feu. Pour que maître Boerhave courût ainsi, il fallait une nouvelle d'importance.

— Agatha ! Agatha !

— Qu'y a-t-il ?

— Ils arrivent, ils sont là !

Le pauvre homme se laissa tomber sur un banc et s'éventa avec un couvercle de marmite qu'il trouva à portée de la main.

— Ils sont là ! Ils sont là ! répétait-il en gémissant.

— Mais qui ?

— Rien, il ne me restera plus rien ! Je serai ruiné, fini ! Toute une vie de travail, une auberge que nous avions depuis mon arrière-grand-père ! Et plus rien ! Plus rien !

Agatha n'était pas patiente. Elle se planta devant son mari, les poings sur les hanches, le menton fièrement jeté en avant.

— Vas-tu finir de geindre ? Qu'y a-t-il ?

— Ils arrivent ! Les Français ! Ils ont passé le Rhin. C'est notre voisin qui vient de l'apprendre à Bussum.

— Où ça ?

— Quoi, où ?

— Où ont-ils passé le Rhin ?

— Près de Tollhuys... Il est passé à gué avec toute son armée. Quelques-uns des nôtres étaient sur l'autre rive, il y a eu bataille. Même qu'un de leurs chefs a été blessé, Condé qu'on l'appelle.

— Qui, il ?

— Quoi ?

— Qui est passé ?

Maître Cornélius battit l'air de son bras toujours armé du couvercle. Il se renversa en arrière pour chercher l'air qui lui manquait.

— Cette femme ne comprendra jamais rien, gémit-il. Tu ne vois donc pas, Agatha, que le roi de France est en Hollande avec tous ses soldats ? Les nôtres occupaient une tour de péage, près de Tollhuys. Ils ont vu arriver des milliers d'hommes, une armée effroyable. Il y a eu des coups de feu et tous les chevaux ont franchi le fleuve. Nous allons être envahis, pillés, brûlés, je te dis ! Le malheur est sur la Hollande !

— Ce n'est pas possible, Cornélius, ce n'est pas possible !
— On dit qu'Utrecht est menacée. Dans deux jours, les dragons français seront ici et ils brûleront tout !

Agatha ne répondit pas. Elle serra les lèvres sur une résolution qu'elle venait de prendre et, jusqu'au soir, elle fut plus bourrue encore que de coutume. Elle battit une omelette comme si les œufs avaient été des dragons français qui lui seraient tombés sous la main. Elle, si économe de son lait, elle en répandit une jatte sur la table et ne sembla même pas s'en apercevoir.

Quand tout le monde fut couché, quand la lune de juin apparut au-dessus des canaux, Agatha descendit à la cave. Là, de derrière un tonneau vide, elle sortit un sac qui, au moment où elle le leva à hauteur des yeux, fit entendre un crissement d'écus. La lumière de la chandelle projetait sur le mur des ombres démesurées.

Agatha remonta à la cuisine et choisit sa plus grande marmite. Elle la contempla un instant d'un air soupçonneux. Sans doute hésitait-elle, tout à coup, à lui confier son trésor. Elle la tourna, la retourna entre ses doigts faits pour retenir l'or et non pour le donner, et enfin, après un regard jeté vers la porte, elle déposa le sac dans le récipient. Au moment de remettre le couvercle, elle eut une nouvelle hésitation. Lentement, elle détacha les anneaux d'or de ses oreilles et les plaça à côté des écus.

Un chat, qui eut la malencontreuse idée de venir voir ce qui se passait, reçut un coup de pied et partit sans demander son reste.

La chandelle soufflée, Agatha resta un long moment à écouter le silence dans la salle éclairée par la lune. Quand elle se fut assurée que la maison tout entière dormait, que pas un bruit ne venait déceler une veille, elle ouvrit doucement la porte, interrogea la cour d'un regard circulaire et gagna le jardin.

Elle savait où elle allait. Il fallait faire vite. Une seconde perdue, et le secret pouvait être livré. Bon, voici la houe, un trou, là, au pied du peuplier. Et que les racines de l'arbre se croisent et s'entrecroisent pour mieux garder la fortune d'Agatha !

Elle se releva, soulagée d'avoir mené à bien son entreprise. Les dragons du roi de France pouvaient venir maintenant, ils ne trouveraient chez maître Cornélius Boerhave que quelques petites pièces de cuivre usées et ternies pour être restées trop longtemps dans la bourse de pauvres gens.

Agatha voulut prendre plus de précautions encore. A grands coups de pelle, elle transporta, sur la terre remuée, un gros tas de fumier qui se trouvait dans un coin du jardin.

Elle revenait sur ses pas quand elle vit une forme allongée dans l'herbe, la face tournée vers le ciel. Un corps étendu près de la barrière du jardin ! Agatha fit un pas en arrière. La forme remua, et l'aubergiste reconnut Peet.

— Que fais-tu là, à cette heure ?

— Je n'avais pas sommeil, à cause de tout ce qu'a raconté le maître. Je suis venu ici, il y fait bon.

— Il y a longtemps que tu es là ?

— Non, j'arrive.

C'était vrai, mais il comprit qu'elle ne le croyait pas. D'instinct, il sentit que sa maîtresse était furieuse de le rencontrer parce qu'elle avait quelque chose à cacher. Alors, pour se venger un peu de cette femme acariâtre qui l'avait mal accueilli, il prit plaisir à la tourmenter.

— Depuis quand es-tu ici ? répéta Agatha avec colère.

— J'sais pas, je regardais les étoiles.

— Qu'est-ce que tu as vu ?

— Ben, des étoiles !

— Tu te demandes peut-être ce que je fais, si tard, dans le jardin !

— N... non !

— Je cueillais un chou pour la potée de demain.

Peet ne répondit pas. Il se leva et fit mine de s'en aller. Agatha le rejoignit précipitamment, et, le prenant aux épaules, le força à se retourner.

— Dis-moi ce que tu as vu !

— Des choux.

— Ah ! tu mens, tu mens ! Si tu parles, je t'arrache les yeux !

Cette fois, ce fut elle qui partit. Peet la regarda se fondre dans la nuit, jusqu'au moment où elle referma la porte sur elle, plus silencieuse qu'une ombre.

« Elle n'a pas l'air tranquille, la mère Agatha, se dit-il. C'est pourtant vrai que je n'ai rien vu ! »

Cela lui importait peu, après tout, il avait bien d'autres pensées en tête.

Une brume, montée des canaux, voilait maintenant la lune ; un souffle frais courut sur la campagne, et Peet frissonna. Il retourna se coucher dans l'écurie.

Mais il ne put s'endormir tout de suite. Les bras croisés sous la nuque, le regard fixé au plafond, il imaginait, à travers l'obscurité, le Rhin coulant paisiblement entre deux rives qui prenaient le contour flou du rêve, une vieille tour de péage avec des fusils à toutes les fenêtres, et, se jetant dans le flot glauque, des chevaux hennissants et des hommes au rictus terrible qui, bientôt, allaient asservir la Hollande.

Chapitre 3

AGATHA avait complètement changé. Elle se montrait gentille avec Peet, ne le grondait plus quand il avait fait une escapade de quelques minutes et il lui arrivait même parfois de dire au garçon :

— Tu es libre cet après-midi, tu peux retourner à tes plantes.

Peet ne la reconnaissait plus. Il voyait bien que sa maîtresse n'était pas sincère et que souvent, trompée par son naturel, elle terminait en sourire contrefait un mouvement de colère mal dominé, mais il profitait de l'occasion.

« Si seulement je savais pourquoi elle se trouvait, la nuit, dans le jardin ! Elle s'imagine que je suis au courant ! »

Il faisait semblant de l'être, puisque cela lui permettait de courir les prés. On approchait de la mi-juin, et jamais la campagne n'avait été aussi belle.
— Allons chercher des œufs de vanneau, dit un jour Marijke, je n'ai pas encore pu y aller, cette année.
— Mais, le temps des couvées est fini. Tu ne trouveras pas un seul œuf.
— Une couvée en retard, peut-être.

Le lendemain, ils partirent pour la chasse aux œufs de vanneau. La saison était avancée, et la récolte serait sans doute fort hasardeuse, mais la rareté de l'objet cherché en augmentait le prix.
— As-tu ton panier, Marijke ?
— Oui, Peet.
— J'ai pris la plus longue perche que j'aie trouvée. Avec elle, nous irons loin !
— J'ai deux harengs, en veux-tu un ?
Elle lui tendit un poisson cru qu'il saisit par la queue et mangea consciencieusement en le tenant au bout de son bras relevé.
— Délicieux !
Il attendit qu'elle terminât le sien, impatient de partir, mais ne voulant pas le montrer. Ils se mirent en route, enfin, en direction du lac où, dans l'enchevêtrement des joncs et des roseaux, les vanneaux, à chaque printemps, dé-

posaient leurs œufs menacés par tous les enfants des villages.

Peet, lorsqu'ils arrivaient devant un canal trop large pour être franchi d'un bond, enfonçait sa perche au milieu de l'eau, s'assurait de la solidité de la berge puis, d'un violent coup de jarret, traversait le canal au bout de son bâton.

Marijke était moins habile. Elle criait en riant qu'elle ne pourrait jamais sauter. Peet lui faisait mille recommandations, tout doucement d'abord, puis avec une pointe d'impatience. Elle saisissait la perche très haut au-dessus de sa tête, trop haut, et se risquait enfin. Parfois c'était un de ses sabots qui flottait sur l'eau, parfois l'ourlet de son jupon qui parvenait tout mouillé sur l'autre bord.

— C'est pourtant facile, s'exclamait Peet, regarde !

Par jeu, pour montrer sa force et son habileté, il courait sur l'herbe, se suspendait à la perche, et, en un vol gracieux, se laissait tomber de l'autre côté.

Ils arrivèrent ainsi au bord du lac. De nombreux oiseaux aquatiques planaient au-dessus d'eux et frôlaient l'eau d'une aile sûre, prestement relevée quand le bec infaillible saisissait une proie, quand les pattes, jetées en avant, ouvraient la surface liquide.

Peet, de son bras tendu, arrêta Marijke.

— Attends, chuchota-t-il d'un ton impératif, reste derrière moi.

Un vanneau courait sur le sentier, la huppe oscillant au gré d'une émotion intense. Il s'arrêta soudain, le bec entrouvert, tout le corps dressé sur ses longues pattes. Il resta ainsi aux aguets le temps d'identifier un bruit qui le remplit d'effroi et repartit de son trottinement rapide jusqu'à une touffe de roseaux où ils se coula promptement.

Peet et Marijke s'immobilisèrent. Ils savaient que l'oiseau défendait ainsi sa couvée. S'il ne s'était pas envolé, s'il s'était contenté de s'éloigner, c'était parce qu'il voulait entraîner les maraudeurs à sa suite, loin du nid qui devait être là, dans les herbes.

Et justement voilà qu'il réapparaissait, traînant une patte rose, une aile qui semblait brisée.

— Il est blessé, souffla Marijke.

— Non, dit Peet, il se moque de nous. Tu vas voir !

Il alla écarter une haute touffe d'herbes échevelées. Ce fut un envol général, des culbutes, des battements de jeunes ailes, de grandes enjambées encore mal assurées. Quatre petits vanneaux abandonnèrent le nid creusé dans la terre et s'égaillèrent dans les roseaux.

— Comme ils sont drôles, s'écria Marijke, attrapons-les ! Attrapons-les !

Elle s'était lancée à leur poursuite en trébuchant dans la tourbière, riant aux éclats parce que les oiseaux filaient entre ses doigts.

— Fais attention, tu vas...

Peet n'acheva pas sa phrase. Marijke avait de l'eau jusqu'aux genoux et des roseaux jusqu'aux yeux. Son compagnon se tenait les côtes tant il était secoué par un gros rire.

— J'allais te dire que tu tomberais dans le lac, finit-il par articuler.

Il aida la jeune fille à sortir de son trou. Elle enleva ses sabots puis ses bas et tordit son jupon.

— Ce n'est rien, dit-elle en riant aussi, je serai un peu au frais, c'est tout.

Ils reprirent leurs recherches, patiemment, et trouvèrent enfin, dans un nid d'herbes sèches, quatre œufs verts, striés de marron, derniers restes d'une saison qui avait été généreuse.

— Nous les mangerons ce soir, Peet, j'aime tant les œufs de vanneau !

Peet tenait un œuf du bout des doigts.

— Je ne veux pas te faire de peine, mais je ne crois pas que ces œufs soient de la première fraîcheur.

— Cassons-en-un, nous verrons bien, insista

Marijke, qui ne voulait pas abandonner encore tout espoir.

Sur l'arête d'une pierre pointue, elle frappa la coquille d'un petit coup sec qui libéra le blanc, parfaitement transparent. Une légère pression du pouce, et la petit boule jaune tomba dans l'herbe.

— Tu vois bien qu'ils sont frais ! C'est sans doute un vanneau étourdi qui doit être toujours en retard.

Elle releva les coins de son tablier au creux duquel Peet déposa précautionneusement les trois œufs qui restaient.

— Je te donne le mien, dit-il avec un sourire embarrassé, je n'aime pas beaucoup ça, moi.

Il aimait les œufs de vanneau au moins autant que la viande de bœuf râpée sur des tartines, mais il aurait donné tous les œufs de la terre pour faire plaisir à Marijke.

Ils revinrent avant l'heure du coche d'Amsterdam, fatigués, grisés de vent. Ils prirent la route pour arriver plus tôt, car le soleil descendait rapidement. Peet, un peu inquiet, se demandait comment il allait être reçu à l'auberge. Marijke s'en rendit compte. Elle cueillit, au bord du chemin, un bouton d'or qu'elle lui tendit.

— Je le ferai sécher ce soir, nous le mettrons dans notre herbier.

Peet ne l'entendit pas. Il venait de découvrir

un grand nuage de poussière à l'horizon. Ce ne pouvait être déjà le coche d'Amsterdam. Comment quatre chevaux auraient-ils soulevé un tel nuage ?

— Je crois que je suis très en retard, courons un peu.

— Je suis fatiguée, répondit Marijke en faisant la moue. Et, si je cours, je vais casser les œufs.

Peet n'aimait pas être en retard.

— Un tout petit peu, insista-t-il, jusqu'à cette haie, là-bas.

On entendait maintenant un bruit sourd, le roulement d'une multitude de sabots sur le sol. Le nuage grossissait, le bruit augmentait.

— Marijke, dit Peet en pâlissant, ce n'est pas le coche. Viens vite !

Il lui prit la main, l'entraîna vers la haie.

— Mais qu'as-tu ? Je n'en peux plus !

— Cours, je t'en supplie, viens !

Peet poussa sa compagne dans un trou de la haie et s'y jeta lui aussi. Les branches d'aubépine se refermèrent sur eux. Marijke, de la peur plein les yeux, se tourna vers Peet.

— Est-ce que ce ne serait pas...

Le garçon fit oui de la tête et, passant un bras autour des épaules de Marijke, il la pressa contre lui.

— Ne dis pas un mot, ils ne nous verront pas.

Trois cavaliers passèrent au grand galop, aussitôt suivis par une foule d'autres. Il y en avait plus d'une centaine. Cela faisait un bruit assourdissant. Marijke ferma les yeux, mais Peet put distinguer, émergeant de la poussière, des têtes coiffées d'un long bonnet, de grandes bottes à entonnoir qui écrasaient les flancs ensanglantés des chevaux, et des visages surtout, tels qu'il les avait vus dans son rêve éveillé, quand maître Cornélius avait appris la terrible nouvelle.

C'étaient les mêmes cris, les mêmes rires, la même joie sauvage. Les hommes, couchés sur l'encolure des bêtes, s'excitaient les uns les autres, environnés par l'odeur âcre du cuir et de la sueur. Toute l'horreur de la guerre était là, dans ces cavaliers magnifiques, débordant de violence.

Ils étaient passés. La poussière, un moment suspendue dans l'air calme, retomba sur les traces de sabots qu'elle n'effaça pas tout à fait. Le bruit décrut, se fit de nouveau lointain, et s'éteignit. Quand il fut certain que le danger avait disparu, Peet sortit de la haie. Marijke apparut à son tour, pâle et au bord des larmes.

— Ne pleure pas, ils sont partis, dit Peet pour la consoler.

— Crois-tu qu'ils reviendront ?

— Je ne sais pas. Ils sont entrés dans Naarden, maintenant. Mais ne pleure donc plus ainsi. Je te protégerai, tu sais !

— Ce n'est pas seulement pour cela que je pleure.

— C'est pourquoi ?

— Je me suis assise sur les œufs !

Malgré sa peur, Peet ne put s'empêcher de sourire. Il était soucieux pourtant. La guerre s'imposait à lui pour la première fois, et il en sentait toute la cruauté. Il entraîna Marijke jusqu'à la chaumière où la mère devait être bien inquiète de les savoir dans les champs.

Au tournant du chemin, il s'arrêtèrent, pétrifiés. Là-bas, près de la petite maison, deux chevaux immobiles se détachaient sur l'immensité du ciel, deux chevaux tout sellés avec, derrière eux, le soleil qui descendait sur le lac et qui commençait à rougeoyer.

— Maman ! cria Marijke. Maman !

Déjà elle avait pris sa course. Pleurant et criant, elle allait au-devant du danger, vers sa mère que les cavaliers avaient peut-être tuée. Peet la rejoignit, mais ne chercha pas à la retenir.

Ils ne s'arrêtèrent que dans l'encadrement de la porte. Affalés sur des bancs autour de la table, deux dragons se remplissaient méthodiquement de bière. La table, d'habitude si brillante, lustrée avec tant de soin que Marijke s'y mirait souvent pour redresser sa coiffe, était couverte maintenant d'une écume qui dégageait une odeur aigre. Sur le sol où les hommes avaient laissé la trace de leurs bottes, les morceaux d'une cruche étaient éparpillés au milieu d'une autre flaque de bière.

Mais Marijke ne vit rien de tout cela. Son premier regard avait été pour la mère immobile près de la cheminée, son bébé dans les bras, un autre accroché à sa jupe. Elle se précipita vers elle et dit en la serrant très fort :

— Oh, mère, qu'ont-ils fait ?

— Ce n'est rien, ce n'est rien, ils ont bu, tout simplement. Sois calme, ma petite fille.

Marijke avait eu trop peur. Elle éclata en sanglots et, se saisissant de la dernière cruche, elle en jeta le contenu au visage d'un des soldats.

— Allez-vous-en ! cria-t-elle, allez-vous-en !

Par bonheur, les deux hommes étaient de ces gens que l'ivresse rend joyeux. Ils se levèrent, secoués d'un rire gras, et sortirent en titubant. Peet, caché à l'angle de deux murs, les vit s'aventurer sur la planche qui servait de pont.

« Mon Dieu, pria-t-il en lui-même, faites qu'ils ne tombent pas dans l'eau. Qu'ils s'en aillent, qu'ils s'en aillent ! »

Un des dragons se retourna, arracha son bonnet et s'écria :

— A la santé de notre roi Louis !

Mais, comme il oscillait beaucoup sur la planche étroite, il termina là son toast et rejoignit la terre ferme où son compagnon faisait de grands efforts pour se mettre en selle.

Ils s'en allèrent enfin. Marijke avait eu si peur qu'elle pleurait toujours, assise sur un escabeau, près de la fenêtre.

Sa mère s'approcha d'elle et murmura en la berçant doucement :

— Tu as été imprudente, Marijke, ma petite fille chérie, mais ne pleure plus, ils sont partis. Là, là, calme-toi... Ils ne m'ont pas fait de mal, tu vois. Au fond, ils n'ont pas été très méchants. Quelques cruches cassées, c'est tout.

Peet s'était approché, lui aussi. Il déposa sur la joue de Marijke un baiser tout petit, tout discret, mais plein d'une affection qu'il venait de découvrir.

— Ne pleure plus..., dit-il.

Et il ne sut pas poursuivre.

— Soyez prudent, vous aussi, dit la mère, retournez vite chez maître Boerhave et abandonnez pour quelque temps votre herbier. La région n'est peut-être plus sûre, à présent.

Peet savait que la mère de Marijke avait raison. Il revint à l'auberge sans flâner en chemin. Tant de pensées roulaient dans sa tête qu'il préféra attendre d'être sur son grabat pour voir clair en lui-même.

⁂

Le cocher refusa le pot de bière que, traditionnellement, Agatha lui mettait sous le nez, d'un geste brusque, au moment où il s'apprêtait à remonter sur son siège.

— Merci, dit-il en soulevant d'un doigt son chapeau. Ça ne va pas aujourd'hui, le cœur n'y est pas. On rencontre de drôles de gens par ici et nous ne sommes pas encore à Amsterdam. Ce sera pour une autre fois, petite mère... si nous revenons.

Agatha le raccompagna jusqu'à la voiture. Les événements de la journée lui faisaient oublier les deux ou trois voyageurs qui demandaient un gîte.

— Je les ai vus passer, dit-elle, mais ils ne se sont pas arrêtés. Regardez !

Du doigt, elle montrait une tige de fer plantée dans le mur de pisé et qui ne semblait plus d'aucune utilité.

— J'ai enlevé l'enseigne. Une auberge, cela attire toujours les soldats, amis ou ennemis, pas vrai ?

— Quelquefois il y a à gagner.

— Il y a aussi à perdre et je n'aime pas le jeu. Et puis mon auberge est bien tenue.

Le cocher s'arrêta pour flatter ses chevaux. Il restait songeur. Il s'assura que les portières étaient bien fermées, abaissa le mantelet de cuir de l'une d'elles parce qu'une voyageuse craignait l'air du soir, et, saisissant les rênes à pleines mains, il prit place sur sa banquette, à l'avant.

— Je ne sais pas si je passerai dans les jours qui viennent, dit-il. Au revoir, la mère, à des temps meilleurs !

— Au revoir, répondit Agatha, et que Dieu vous protège !

Elle regarda sans les voir les chevaux qui tendaient leurs jarrets pour arracher la voiture.

« Utrecht a capitulé, pensa-t-elle, Utrecht a envoyé ses clefs ! Ce n'est pas possible ! Ce n'est pas possible ! »

En revenant vers l'auberge, elle s'assura, d'un coup d'œil, que le tas de fumier n'avait pas été touché et que tout était en ordre. Alors, le cœur un peu rasséréné, elle alla s'occuper des voyageurs qui voulaient souper.

Il lui restait pourtant une colère qui ne demandait qu'à s'épancher dès qu'un prétexte lui serait fourni. Comme souvent en ce cas, ce fut maître Cornélius qui supporta l'orage. Il vint près de la cheminée, de son petit trot d'obèse, parfaitement ignorant de ce qui l'attendait.

— Nos clients sont fatigués, Agatha, ils veulent se coucher de bonne heure. La soupe est-elle prête ?

La réponse fusa, sans la moindre hésitation.

— Et moi, ne suis-je pas fatiguée ? Et qui s'occupe de ma peine ou de mon tracas ? Ce n'est pas toi qui te tueras à l'ouvrage, gros paresseux !

— Ne crie pas ainsi, ils vont t'entendre !

— Qu'est-ce que cela peut me faire ? File, propre à rien !

— Bon ! bon !

Un bruit de galop la surprit comme elle versait la soupe dans les écuelles. Une louche à la main, elle s'approcha de la fenêtre, en proie à une angoisse nouvelle. Cette journée n'avait donc pas fini d'apporter des surprises !

Un cavalier mettait pied à terre. A ses vêtements bruns, on reconnaissait bien qu'il n'était pas dragon du roi de France. Il jeta un regard autour de lui, abandonna son cheval à Peet qui s'était approché, et entra avec une précipitation mal dissimulée.

— Je voudrais une chambre, dit-il.

Il était déjà au pied de l'escalier, désireux sans doute de disparaître au plus vite. Les bourgeois attablés tournèrent la tête, mais lui ne les regarda pas. Agatha crut même remarquer qu'il relevait le plus possible le col de son habit.

— Monsieur ne veut-il pas dîner ? risqua maître Cornélius. Notre table est réputée.

— Qu'on me monte un repas.

Cornélius ne put que suivre à l'étage ce voyageur déconcertant. Quand il revint, sa femme l'entraîna à l'écart.

— Alors, demanda-t-elle, qui est-ce ?

— J'sais pas... Pour sûr, c'est un Hollandais. Une trentaine d'années, bel homme, sans doute pas un paysan. Il ne veut voir personne.

— Si c'est un Hollandais, c'est bien.

Sur une planche de bois poncé, elle disposa un repas hâtivement rassemblé et appela Peet.

— Porte ça au voyageur qui vient d'arriver.

Le travail de Peet n'avait pas de limites précises, aussi ne s'étonna-t-il pas d'être chargé du rôle de serveur. Il prit le plateau et n'eut d'autre souci que d'arriver en haut sans renverser la bière.

L'homme, debout près de la fenêtre, regardait le coucher du soleil. Il était de haute taille, très mince dans sa culotte sans aucun ornement et ses courtes bottes ternies par la sueur du cheval. Sa chemise, de toile assez rude quoique très blanche, indiquait un simple bourgeois.

Il se retourna. Peet, tout de suite, fut frappé par ses yeux gris, des yeux lumineux, faits d'une eau prisonnière qui aurait gardé l'éclat des profondeurs dont on l'aurait tirée.

Le garçon se sentit jaugé par ce regard. Il

déposa maladroitement le plateau sur la table.

— Vous êtes le fils des aubergistes ?

— Non, monsieur, je travaille ici.

— Passe-t-il beaucoup de voyageurs dans cette maison ?

Peet voulut se montrer commerçant, il imita Cornélius :

— Oh oui, monsieur, l'auberge est pleine tous les soirs.

L'homme ne le crut pas vraiment car un léger sourire apparut sur ses lèvres.

— D'où vient, alors, ce grand calme qui nous entoure ? demanda-t-il avec une ironie gentille.

— C'est que..., bredouilla Peet, aujourd'hui, c'est... peut-être exceptionnel.

— Je n'en demande pas plus.

En disant cela, le cavalier retourna à la fenêtre pour inspecter longuement la cour et, au-delà de la cour, les pâturages et la route, comme s'il avait craint de voir arriver quelqu'un.

Puis, revenu vers Peet, il s'assit sur un coin de table. Son visage était plus détendu, ses longs cheveux blonds lui donnaient un air de jeunesse et de force tranquille. On aurait cru avoir affaire à un étudiant en voyage si un léger froncement des sourcils n'avait, toujours, indiqué une préoccupation secrète.

— Comment t'appelles-tu ?

— Peet.

— Moi, Jan. Est-ce que les Français se sont arrêtés ici, cet après-midi ?

Peet n'aimait pas beaucoup être interrogé. On racontait déjà tant d'histoires d'espions, tant de propos circulaient, qu'il préférait se taire. L'homme, pourtant, avait l'air franc.

— Tu peux me le dire, tu sais, je suis hollandais comme toi. J'habite même Amsterdam.

— Ils sont passés sans s'arrêter. Deux, seulement, ont demandé à boire dans cette maison, là-bas.

— Très bien !

Peet revit, en pensée, les cavaliers galopant vers Naarden. Où iraient-ils maintenant que la ville était prise ? Toujours plus au nord, jusqu'au Zuiderzee, jusqu'à Amsterdam ? Il vit la chaumière de ses parents brûlée, sa mère s'enfuyant à travers les prés, son père... Non ! Il valait mieux ne rien imaginer du tout !

Il lui vint à l'esprit la question que Marijke lui avait déjà posée, la même question que font tous les enfants effrayés par la guerre :

— Croyez-vous, monsieur, que d'autres viendront ?

— Non !... Mais la guerre est ainsi faite que les malheurs qu'elle apporte vont sans cesse croissant.

— Je n'aime pas la guerre. Pourquoi le roi de France vient-il chez nous ?

— Pour une médaille ! Parce que la Hollande a

frappé une médaille sur laquelle la lune éclipse le soleil. Et le soleil, c'est lui ! C'est ainsi qu'il s'appelle lui-même ! En réalité, il nous envahit parce que son désir de conquête est immense, parce qu'il est jaloux de la prospérité de notre petite République et que tous les prétextes lui sont bons !

Jan était beau dans sa colère. Ce jeune garçon, par des questions candides, l'avait forcé à sortir de lui-même. Il ne savait pourquoi, mais le visage plein de rousseur de Peet lui était si sympathique qu'il éprouvait le besoin de parler.

Peet aussi ressentait un attrait pour cet homme qui semblait poursuivi, une sorte de curiosité qui le poussait à interroger.

— Vous êtes soldat, monsieur ?

— Tout le monde est soldat quand l'ennemi pénètre sur nos terres. C'est une question qu'on ne peut se poser.

Peet crut que Jan le prenait pour un poltron.

— Ce n'est pas pour moi que j'ai peur. C'est pour ma mère et pour mes petites sœurs, précisa-t-il.

— Où sont-elles ?

— A Muyden.

En entendant ce nom, le voyageur releva la tête.

— A Muyden, dis-tu ?

— Oui, monsieur.

— Connais-tu bien la région de Muyden ?
— Oh ! bien sûr !
— Et le chemin d'ici à Muyden aussi ?
— Oui. Avez-vous besoin de quelque chose, monsieur ?
— Non ! Si ! Demain matin, je dois partir de très bonne heure, car j'ai un rendez-vous précis que je ne peux manquer. Selle mon cheval au point du jour.

Jan poussa Peet hors de la chambre et referma la porte. Sur une chaise, son habit était jeté ; il en retira un pistolet qu'il examina longuement avant d'en faire jouer le mécanisme.

« Comment, moi, ai-je un tel objet entre les mains ? pensa-t-il. Dieu veuille que jamais je ne sois obligé de m'en servir. Et pourtant, demain !... Que va être demain ? Et c'est moi, moi qui devrai le faire ! »

Il se jeta à plat ventre sur le lit et enfonça sa tête dans l'oreiller pour oublier pendant quelques heures le mal qu'il endurait dans son cœur.

Chapitre 4

PEET était content de la fleur de sainfoin. Elle avait gardé, en séchant, la couleur très douce, un peu mauve, qu'elle avait au temps où elle poussait derrière la maison. De plus, il lui était resté un parfum tout simple, une bonne odeur d'herbe coupée. Les violettes du moulin aussi avaient su rester belles. La folle avoine portait bien son nom, elle n'en faisait qu'à sa tête, brisant sa tige en plusieurs endroits, perdant ses épillets qu'on retrouvait glissés entre les pages. Une vraie folle de folle avoine. Peet la prit délicatement sur la main et alla la présenter à Ratche.

Le cheval approcha sa bouche, remua ses naseaux noirs, parut un peu déçu par cette friandise assez ordinaire mais, comme c'était un bon cheval qui ne voulait pas faire de peine à son jeune maître, il saisit le brin d'herbe entre ses grosses lèvres et le mangea.

Peet referma l'herbier dont les pages irrégulières tournaient mal sur leurs charnières de laine, mais qui paraissait au garçon un trésor sans pareil. Il repensa au voyageur de la veille, parti avant le lever du soleil. Un homme étrange avec d'étranges yeux gris. On doit savoir écrire quand on a des yeux comme cela. Si Peet avait osé, il aurait demandé à Jan de tracer le nom de chaque plante sur les pages multicolores de l'herbier. Il ne saurait pas les lire, bien sûr, mais il pourrait contempler ces petits mots tout noirs, et ce serait comme une histoire que l'herbier raconterait.

« Je ne le reverrai plus, se dit-il, c'est dommage. »

Il ouvrit le coffre et y déposa l'album qu'il recouvrit de sa chemise de rechange, car il se méfiait de la curiosité de Nicholas.

Celui-ci, justement, entrait dans l'écurie. Depuis qu'il avait reçu un seau d'eau sur la tête, il se montrait moins brutal, mais tout aussi stupide et beaucoup plus fourbe. Il ricana en passant, et Peet ne sut pas si c'était un bonjour ou une raillerie.

— Faut donner à manger aux chevaux. Tu pourrais peut-être m'aider, non ?

— Je veux bien.

Peet saisit une fourche qu'il plongea dans un grand tas de foin. La charge fit ployer ses genoux, mais il était dur à l'ouvrage. Nicholas mit à profit un tel entrain. Les jambes croisées, les mains accrochées au manche de sa fourche, il regarda, immobile et mâchonnant un éternel brin de paille, son compagnon qui remplissait les râteliers.

— Faut toujours se donner de la peine, conclut-il d'une voix traînante.

Peet lui lança un regard moqueur, mais préféra ne pas répondre. Nicholas s'y trompa. Il prit pour de l'obéissance ce qui n'était que du mépris.

— Tu pourrais peut-être retourner les litières. Faut ajouter de la paille !

— Ça, n'y compte pas, répondit Peet en plantant son outil dans le tas de foin. Tu vois tous les râteliers ? Ils sont pleins ! Et qui les a remplis ? Moi ! Alors, les litières, tu comprends !...

— Ça va ! Ça va ! fit Nicholas, qui mit en mouvement sa longue carcasse. Retourner des litères, c'est pas le diable !

Peet entreprit de bouchonner Ratche. Jamais le vieux cheval n'avait été aussi bien soigné que depuis l'arrivée du garçon à l'auberge. Son poil était consciencieusement brossé, sa longue crinière démêlée, ses sabots débarrassés de la boue qui les salissait. Quand une botte de foin semblait plus parfumée que les autres, elle était pour Ratche, et toujours Peet s'arrangeait pour que son ami fût le premier à l'auge, quand l'eau était si claire que pas un grain de poussière venu du chemin n'en altérait la surface.

Quelquefois, lorsque Agatha n'avait pas l'humeur trop acide, Peet enfourchait son compagnon qui se lançait dans une course puissante le long du canal. Les sabots de Ratche frappaient le sol comme d'énormes marteaux ; sa large croupe pommelée ne ménageait pas les cahots à Peet qui tenait la crinière à pleines mains et murmurait à l'oreille de la bête des mots d'encouragement qu'il ne disait jamais aux autres chevaux.

Plus les jours passaient, et plus Ratche et Peet devenaient de vrais, d'inséparables amis.

— Voilà, tu es beau, mon bon cheval ! s'exclama le garçon en jetant le bouchon de paille. Mais ne sois pas nigaud au point de laisser manger toute ton avoine par les poules !

Dehors, Peet s'assit un court instant sur le banc de pierre, près de la porte. Il faisait un temps magnifique. Le ciel était parfaitement bleu, immense, démesuré au-dessus des terres plates que pourtant il n'écrasait pas. Il était fait tout entier d'un azur transparent. Peet écouta le chant d'une alouette immobile, très haut dans l'air. C'était un jour de juin pour le travail paisible et le repos. Peet, les yeux fermés, sentit sur ses paupières la bonne chaleur du soleil.

Il entendit le trot d'un cheval sur le chemin. La cadence était inégale, comme si le cheval avait été livré à lui-même. La bête entra dans la cour de l'auberge. Peet garda les yeux clos.

« Un bourgeois en voyage, pensa-t-il, et mauvais cavalier. »

Le trot devint un pas tout proche puis s'arrêta près du banc. Peet, alors, ouvrit les yeux.

Il vit Jan glisser lentement de la selle et rouler à terre. Une large tache de sang s'étalait sur son habit.

Peet courut au blessé et lui soutint la tête. Elle parut étrangement lourde au garçon qui ne sut que murmurer :

— Il est mort ! Mon Dieu, il est mort !

Que fallait-il faire ? Peet n'avait jamais eu un mort dans les bras. Il regarda tour à tour la tache de sang qui marquait l'épaule droite, les mains inertes, les jambes qui paraissaient si longues maintenant qu'elles étaient étendues sur le sol. Alors, il poussa un cri, aussi fort qu'il put, de toute la puissance de son corps.

— Nicholas !

C'était la personne la moins faite pour lui venir en aide, mais c'était aussi la dernière qu'il avait vue. Ses idées étaient brouillées, il ne pouvait pas réfléchir, il ne voulait pas rester seul avec cet homme mort ou blessé.

Il fallait savoir. Avec beaucoup de précaution, il dégrafa l'habit et posa son oreille sur la poitrine de Jan. Il resta ainsi une longue minute à s'assurer que c'était bien un battement très faible qu'il entendait et qui prouvait que la vie était encore là.

Jan vivait. La blessure n'avait pas été mortelle !

Nicholas vint en traînant les pieds. Sa curiosité, pourtant sans limites, n'était pas aussi forte que sa paresse.

— En v'là un drôlement arrangé, ricana-t-il.

— Aide-moi à le porter sur mon lit.

Ils soulevèrent le blessé, Peet avec beaucoup de soin, Nicholas avec une nonchalance indifférente qui était trop dans sa nature pour qu'il puisse s'en défaire même un moment.

— Attention ! Doucement !... Doucement, je te dis ! répétait Peet.

Le blessé n'eut pas un mouvement. Sa figure était pâle, ses longs cheveux collés par la sueur. Peet, quand il l'eut étendu sur le lit, voulut s'assurer que le transport ne lui avait pas été fatal. De nouveau, il appuya son oreille sur la poitrine de Jan et il perçut les petits coups du cœur, à travers l'étoffe de la chemise.

— Va prévenir le maître, et puis mets le cheval à l'écurie.

Et, comme Nicholas ne semblait pas décidé à s'exécuter :

— Je t'en prie, Nicholas, fais ce que je te dis ! Je balaierai, je mènerai boire les bêtes, je les étrillerai, mais fais ce que je te dis !

Quand il fut seul, il se trouva désemparé et attendit qu'on lui vînt en aide.

Agatha arriva la première, pressée de savoir quel nouvel ennui lui tombait sur la tête. Depuis plusieurs jours, rien n'allait comme il eût fallu. Elle sentait qu'un malheur se préparait ; elle le prévoyait, ce malheur, à mille petits événements qui ne semblaient pas avoir immédiatement une grande conséquence, mais qui annonçaient un bouleversement inévitable.

— Qu'y a-t-il encore ? Je savais bien que ce voyageur n'était pas comme les autres, je l'ai vu à sa figure, mais toi, tu as toujours raison. Il est hollandais ! Il est hollandais ! C'est ce que tu m'as dit, non ? Eh bien, hollandais ou pas hollandais, nous l'avons maintenant sous notre toit !

Cornélius essayait désespérément de la suivre et de la calmer. Mais Agatha marchait trop vite. Quant à sa colère, personne, jamais, n'en était venu à bout avant qu'elle l'eût bien voulu.

Elle se tut, pourtant, quand elle vit le blessé immobile sur le lit de Peet.

— Pauvre garçon, murmura-t-elle si bas que seul Peet, qui était auprès d'elle, l'entendit. Eh bien ! fit-elle en se tournant vers Nicholas, je vais donc tout te dire ? Qu'attends-tu pour prendre un cheval et courir chez le médecin ?

Elle alla chercher dans sa chambre des morceaux de toile fine, une cuvette d'étain, un cruchon de faïence qui contenait un peu d'alcool.

— Peet, remplis la cuvette au puits et descends le seau tant que tu auras de la corde. Il me faut de l'eau bien fraîche. Toi, Boerhave, retourne dans la salle, je n'aime pas qu'on y reste sans surveillance.

Elle trempa la toile dans la cuvette et l'appliqua sur le front de Jan. Elle ne disait rien ; son visage conservait sa dureté, car il n'avait jamais su sourire, même pour réconforter ; mais chacun des mouvements qu'elle faisait avait une douceur que Peet n'aurait pu soupçonner.

Puis, délicatement, elle écarta les lèvres du blessé et fit couler quelques gouttes d'alcool qui n'eurent pas l'effet attendu. Jan ne tressaillit pas.

— Croyez-vous, maîtresse..., risqua Peet.

— Tais-toi ! Je ne crois rien !

Elle avait répondu avec trop de brusquerie

pour ne pas laisser apparaître une angoisse qui la tenait très fort.

— Va voir si le médecin ne vient pas. Guette-le bien !

— Oui, maîtresse.

Peet regardait le chemin à en avoir mal aux yeux. Pourquoi ne lui avait-on pas commandé d'aller chercher le médecin ? L'homme serait déjà là, c'était sûr. Nicholas était bien capable de flâner en route ! N'était-ce pas lui qui arrivait ? On voyait un cavalier qui contournait le moulin de bois.

— Maîtresse, un cheval qui vient à toute allure.

— Alors, ce n'est pas le médecin.

— Non, ce n'est pas le médecin, c'est Nicholas.

Le valet avait poussé la bête à la limite de ses forces et il riait en sautant à terre.

— Le v'là bientôt, annonça-t-il fièrement.

On attendit une heure encore. Peet resta immobile, appuyé à la porte de l'écurie, jusqu'au moment où il aperçut, à l'horizon, un gros point noir qui se déplaçait lentement.

— Le voici, je crois bien que c'est lui.

Jan bougeait un peu. Il n'avait pas repris connaissance tout à fait, mais sa respiration était plus régulière. Il avait perdu trop de sang pour revenir à lui. La fraîcheur des compresses qu'Agatha renouvelait sur son front lui faisait du bien. Il gémit faiblement.

Sur le chemin arrivait, au pas paisible de sa

mule, un personnage vêtu d'un longue robe noire à col blanc et coiffé d'un chapeau à boucle, à la manière des docteurs d'Amsterdam. Le personnage, très droit, très digne, tenait les rênes d'une main et de l'autre un petit sac de cuir craquelé, soigneusement posé devant lui, sur le bord de la selle.

La mule avait sans doute l'habitude de ces visites, car elle se planta sur ses quatre jambes au milieu de la cour, et parut décidée à ne pas faire un pas de plus.

— Holà, ne peux-tu m'aider à descendre ? s'écria le médecin en voyant Nicholas. Et toi, gamin, prends mon sac, le temps que je sois à terre, et fais bien attention, car tout ce qu'il contient est plus que précieux.

Nicholas croisa les mains, sans cesser de rire, et fit un marchepied dans lequel le médecin introduisit sa pantoufle, après avoir eu bien des difficultés avec son ample robe.

— Ne peux-tu faire attention, gredin ? Crois-tu qu'un homme de science soit un palefrenier ?

Le valet desserra ses doigts, et l'homme de science fut si vite à terre qu'il en perdit son chapeau.

— Si tu t'avises d'être malade, un jour, tu auras affaire à moi, menaça-t-il.

Là-dessus, prenant son sac des mains de Peet, il pénétra dans l'écurie et s'approcha du blessé.

Peet voulut voir ce qui allait se passer. Il regarda, sans trop frémir, les ciseaux qui coupaient le drap de l'habit puis la chemise. Il aperçut l'épaule mise à nu, la peau tachée de sang et le trou d'une balle qui avait peut-être fracassé l'articulation.

— Allez me chercher une chandelle, demanda le médecin à Agatha. Et déplacez un peu ce lit pour que j'aie plus de commodité.

En attendant le retour de l'aubergiste, l'homme nettoya la plaie avec une liqueur contenue dans une petite fiole. Jan, à chaque contact, tressaillit légèrement. Sa poitrine se soulevait sous l'effet de la souffrance, ses yeux restaient obstinément clos.

Le médecin sortit ensuite de son sac un long scalpel qu'il passa à la flamme de la chandelle. Puis, vidant le reste de la fiole entre les dents du blessé :

— Avec ça, il ne sentira rien, c'est un tonique de ma composition que ces messieurs d'Amsterdam m'envient. Êtes-vous courageuse, madame, et pouvez-vous m'éclairer ?

Agatha parut fâchée qu'on doutât de son courage. Elle émit un grognement désapprobateur et, raidie de volonté irréductible, elle tint la chandelle aussi haut qu'elle put.

Le praticien, après avoir considéré un instant la blessure, y plongea la lame. Jan poussa un hurlement. Sa bouche se contracta, tout son corps se souleva avant de retomber, inerte, sur le lit. Peet ne put en supporter davantage. Il se précipita vers Ratche dont il prit l'encolure à pleins bras. Un nouveau cri, plus long, plus terrible, le secoua tout entier.

— La balle a touché à peine l'os, entendit-il, mais comme elle est entrée profondément, le blessé a perdu beaucoup de sang. Il est très faible.

— A-t-il quelque chance de s'en remettre ?

— C'est possible... comme il est possible aussi qu'il ne s'en remette pas.

— Dans combien de temps peut-il être debout ? Il n'est pas de la maison, vous comprenez !

— Cela dépend de sa constitution. Il a l'air robuste, il peut se rétablir vite ou mettre très longtemps.

Agatha ne paraissait guère satisfaite des renseignements du médecin. On le voyait aux grands mouvements que faisait la chandelle au-dessus du bat-flanc de Ratche.

— Il faut brûler la plaie, annonça le médecin avec quelque satisfaction dans la voix.

Peet ne voulut plus écouter. Il sortit de l'écurie et courut jusqu'à la porte du jardin. Là, à plat ventre dans l'herbe, il se boucha les oreilles pour ne pas entendre le cri de Jan qui ne manquerait pas d'arriver jusque-là. Il resta longtemps le visage contre terre, car il n'osait

pas retourner à l'écurie, de peur que tout ne fût fini.

Quand il se releva, la mule n'était plus dans la cour. L'opération était terminée, le médecin parti, Jan mort, peut-être. Agatha, assise sur le banc de pierre, reprenait ses esprits. Elle avait la coiffe un peu dérangée et ses deux grandes mains ballantes le long de sa jupe.

— Maîtresse, murmura Peet, si bas qu'elle l'entendit à peine, maîtresse, comment va-t-il ?

Agatha voulut cacher l'attitude d'abandon dans laquelle le garçon l'avait trouvée.

— Il va mieux, dit-elle avec brusquerie, il veut te voir.

— Moi ?

— Puisque je te le dis ! Va !

Jan avait ouvert les yeux. Il essaya une sorte de sourire quand il aperçut le garçon, mais il se sentait si las que le moindre effort lui coûtait beaucoup de souffrance.

— Ne vous fatiguez pas, dit Peet, vous devez avoir très mal.

Jan lui fit signe d'approcher tout près du lit et de prendre un escabeau.

— Ce que j'ai à te dire, murmura-t-il, ne supporte aucun retard.

— Vous avez quelque chose à me dire ? A moi ?

— Oui. Je vais bien maintenant que la balle est extraite... mais... je me sens très faible et peut-être n'aurai-je pas la force de terminer...

J'ai... j'ai été attaqué au bord du lac... par un détachement de dragons français.

Le souffle lui manqua, il se tut un moment, puis reprit d'une voix blanche :

— Ils passaient... ils ont tiré sur moi. J'ai... j'ai eu l'épaule traversée par une balle... J'ai pu leur échapper, tout de même, car ils ne m'ont pas poursuivi. Ils ne savaient pas... je le crois du moins... que j'étais chargé d'une mission extraordinaire. Tu m'entends, Peet ?

— Oui, je vous entends.

— J'ai pensé à toi quand j'ai senti que je ne pourrais pas mener à bien ce qu'on m'a ordonné. Je suis revenu à l'auberge... c'est terrible ce que je vais te demander... et tu n'as que quinze ans...

Jan se tut de nouveau, comme sous l'effet d'une hésitation qui le torturait.

— En quoi puis-je vous être utile, monsieur ? demanda Peet.

— ... et pourtant tu es le seul à qui je puisse confier cela, car tu connais la région aussi bien que moi-même.

— De grâce, monsieur, qu'attendez-vous de moi ?

Le blessé s'efforça de retrouver son calme. Il jeta un regard vers la porte pour s'assurer que personne n'entrait, il scruta les coins de l'écurie afin d'y déceler la moindre présence, puis il murmura :

— Notre pays est perdu, à moins d'un acte héroïque... Notre grand pensionnaire Jean de Witt veut traiter avec Louis XIV, mais le prince Guillaume s'oppose à la paix. Il veut la charge de stathouder, tu comprends ?

— Non, pas très bien, avoua Peet.

Jan eut un soupir d'impuissance.

— Oui, c'est trop compliqué pour un petit paysan comme toi. Écoute simplement ceci : les magistrats d'Amsterdam ne veulent pas que la ville tombe aux mains des Français et... ils sont prêts à tout, même à ouvrir les digues.

— Ouvrir les...

— Oui. Et c'est moi qu'ils ont chargé de cela.

Peet se leva d'un bond et recula. La peur héréditaire du Hollandais devant la mer montait en lui. Il entendait déjà la grande vague déferlante qui allait noyer le pays.

— Je sais ce que tu éprouves, balbutia Jan, je l'ai éprouvé moi aussi. Nous sommes de la même race, toi et moi, et nous détestons la violence sous toutes ses formes. Ça aussi je le sais.

— Je ne veux pas que mon pays soit sous les eaux, je veux qu'il vive. Je hais la guerre !

— Pour qu'il vive, il faut d'abord le noyer, car il a besoin de sa liberté. La guerre est une chose horrible, mais ici nous ne pouvons plus nous interroger. Il n'y a d'excuse à aucune guerre, et pourtant, quand la guerre s'abat sur nous, il est inutile de faire comme si elle n'existait pas.

— Mais vous vous rendez compte de ce que vous me demandez ? Les écluses sont à Muyden et la maison de mes parents y est aussi. Vous voulez que ce soit moi qui noie mon père et ma mère !

Jan leva péniblement la main pour apaiser un peu le garçon. Lui-même était dans un état d'agitation qu'il ne pouvait contenir.

— Ne parle pas si fort, il faut que ce soit un secret entre nous... Je sais le prix de ce que je te demande, Peet, et je regrette de n'avoir pas su passer entre les balles pour le réaliser moi-même... Je n'ai pas peur de la mort, je regretterai seulement la nature, les grands ciels avec tous leurs nuages, les parfums de l'herbe et ceux du vent !... C'est cela que je regretterai et cela appartient à tous les pays, à tous les hommes ! Moi ! Moi qui n'aime que les champs et les prés, les bois et les chemins, il faut maintenant que je détruise, même si c'est pour sauver ces champs et ces chemins !

Il délirait. Peet le sentit bien et il eut pitié de cette souffrance physique et morale qu'il avait sous les yeux. Il se tut pour laisser Jan se reposer un peu. Pendant un long moment, ils restèrent ainsi, l'un à côté de l'autre, sans un mot, sans un mouvement, chacun poursuivant un songe qui lui faisait mal. Puis, la main de Jan chercha Peet.

— Tu es là, Peet ? Laisse-moi parler, ce que j'ai à te dire est très important. Les magistrats ont fait appel à moi qui combattais auprès de Guillaume d'Orange dont je ne partage pourtant pas les convictions, mais qui lutte pour son pays... Utrecht est prise. Demain Amsterdam le sera aussi, à moins que le flot n'arrête l'invasion du roi de France. Dans quatre jours, je dois crever les écluses de Muyden. Il faut qu'elles le soient, Peet, c'est notre devoir !

Jan s'était soulevé sur son coude gauche, mais l'effort fut trop grand, la douleur trop cuisante. Il retomba sur l'oreiller avec un cri étouffé.

— Il le faut, Peet, et je n'ai que toi pour m'aider. Écoute-moi bien. Tu dois aller à Amsterdam. Tu chercheras, dans la rue des Drapiers, une maison de bois, à l'enseigne des ciseaux d'or... Tu verras... Des ciseaux dorés sur fond bleu, flanqués de trois aiguilles en étoile. Au premier étage, habite un homme qui a trente ans comme moi. Il s'appelle Karel. Sa femme s'appelle...

Il s'essoufflait à parler ainsi. Sa respiration devenait haletante ; le cerne autour de ses yeux s'agrandissait, la sueur perlait sur son front en gouttelettes qui glissaient lentement le long de ses tempes.

— Reposez-vous un peu, monsieur., vous êtes trop faible, dit Peet très doucement.
— Sa femme s'appelle Hendrickje. Préviens Karel que j'ai été blessé, que je ne peux accomplir ma mission et qu'il doit le faire à ma place. La charge d'explosif est cachée dans un trou du mur près de la porte d'entrée du château de Muyden. Il y a une croix gravée au couteau dans la pierre... Cette pierre est... mobile... Dans quatre jours, dimanche matin exactement, la digue doit sauter.
— Non !

Peet n'avait pu retenir son cri. C'était affreux cette vision qui se pressait contre ses yeux. Tous ces prés, ces maisons, ces moulins que la mer allait recouvrir ! Tous ces gens engloutis dans les flots, ses petites sœurs ! Non ! Non !...
— Ô mon Dieu ! Ce n'est pas possible !

Jan paraissait inébranlable. Sa main chercha de nouveau la main de Peet et, quand elle l'eut trouvée, elle la serra aussi fort qu'elle put.
— Moi aussi j'ai hésité, j'ai pleuré, j'ai crié. Je me savais si peu fait pour cela ! Pourquoi, pourquoi suis-je obligé de t'en confier l'accomplissement ? J'étais décidé à présent et rien ne m'aurait arrêté ! Il a fallu une balle ! Ce que je te demande est dangereux, Peet, il faut arriver jusqu'à Amsterdam au milieu d'une région qui déjà appartient presque à l'ennemi... Hendrickje et toi, vous donnerez

l'alarme, vous provoquerez l'exode vers les terres plus hautes du pays d'Utrecht. Vous ne direz pas pourquoi il faut fuir, vous direz seulement la nécessité de s'éloigner au plus vite... Il suffira d'un chariot pour amorcer la panique.

Peet se demandait s'il vivait un cauchemar. Il regardait l'homme étendu sur son lit, qui était arrivé un soir, chargé du malheur de la Hollande. Un homme aux yeux gris, à la voix douce, et qui lui avait paru sympathique. Et aujourd'hui, cet homme...

— Je ne peux pas, murmura-t-il, je ne peux pas.

Jan eut un éclair dans le regard, une lueur de colère et d'enthousiasme mêlés.

— Des hommes probes et qui ont conduit avec honnêteté notre République ont pris cette décision. Leur cœur est hollandais aussi bien que le nôtre. Ces hommes sont au-dessus de tout reproche et nous ne leur obéirions pas ? Ce n'est pas moi qui ai décidé d'inonder notre pays, je ne suis que l'exécutant. Le destin m'a été contraire au point de m'arrêter en chemin. Fais ce que je te demande, Peet, dis à Karel de m'attendre à la porte du château de Muyden jusqu'à six heures, dimanche matin. Si je ne suis pas là, qu'il fasse ce qui m'a été commandé. Toi, tu reviendras vite vers Naarden dès que l'exode sera commencé. Si les gens d'ici ont fui, prends le chemin de Bussum.

J'aurai donné le signal du départ. Avant cela, ne parle de rien dans l'auberge.

Jan tenta encore de se lever, mais sa plaie se rouvrit sans doute, car une tache de sang s'arrondit sur le pansement. Quand il retomba sur sa couche, il avait perdu connaissance.

Peet le regarda, remonta la couverture avec des gestes précautionneux et, se penchant à l'oreille du blessé qui ne pouvait l'entendre :

— J'irai, promit-il tout bas, puisqu'il le faut.

Chapitre 5

PEET resta un long moment à regarder Jan endormi. Il lui semblait que, tant que le blessé reposerait, il n'aurait pas, lui, pauvre garçon d'écurie que rien n'avait préparé à la mission qui l'attendait, de décision à prendre. S'il gagnait du temps, sa maison ne serait peut-être pas anéantie par l'inondation.

Agatha apparut deux fois dans l'encadrement de la porte. Nerveuse, plus renfrognée encore qu'à l'accoutumée, elle se retournait souvent pour scruter l'horizon. Elle redoutait sans doute l'arrivée d'un détachement français attiré par la bière ou les victuailles de l'auberge.

Puis, ce fut maître Cornélius qui vint, suant de chaleur et d'angoisse, les yeux à fleur de tête et de la crainte plein l'esprit.

— Comment est le blessé ? demanda-t-il en s'inclinant autant que sa corpulente personne le lui permettait. Ne va-t-il pas partir bientôt ?
— Je ne crois pas, répondit Peet, il n'est pas en état de marcher. Et puis, où irait-il ?
— Est-ce que je sais, moi ? L'essentiel est qu'il parte !

Peet regarda longuement son maître. Il lut la peur sur son visage cramoisi. Cet homme foncièrement bon, qui l'avait accueilli avec une certaine gentillesse, était prêt, maintenant, à jeter un blessé dehors pour préserver sa maison.

« Si tu savais ce qui nous attend, tu aurais plus peur encore, se dit le garçon sans rien laisser paraître. Tu trembles pour tes quatre murs et bientôt ils seront noyés ! »

Jan se réveilla. Tout de suite ses yeux essayèrent de reconnaître les gens qui l'entouraient. Cornélius, incapable de trouver ce qu'il fallait dire en pareille circonstance, préféra quitter l'écurie.

— Tu es là, Peet ? Tu es encore là ?

Peet chercha une excuse, un moyen de différer son départ.

— Je voulais vous demander... Votre ami Karel, comment croira-t-il que c'est vous qui m'envoyez ? Il ne sait pas qui je suis !
— C'est vrai, je n'y avais pas pensé. Tu lui

diras : « Potiron, c'est le Goéland qui m'envoie. »

— Potiron, c'est le Goéland qui m'envoie.

— Oui ! Maintenant, pars tout de suite. Je préviendrai maître Boerhave.

Peet se leva lentement. Il alla jusqu'au coffre d'où il tira l'herbier.

— Seulement le temps de porter ça à quelqu'un qui habite tout près d'ici.

— Non, répondit Jan d'un ton autoritaire, tu ne dois voir personne avant ton départ. Personne ne doit savoir.

— Je ne dirai rien à Marijke.

— Personne, répéta Jan. Si tu fais bien ce que je te dis, la Hollande restera libre. Qu'est-ce, à côté de cela, que quelques morceaux de carton assemblés ?

— Pour vous rien, bien sûr, murmura Peet, pour moi... c'est mon herbier.

Jan s'aperçut de l'importance que Peet attachait à l'objet. Il essaya de sourire et dit pour consoler le garçon :

— Tu en feras un autre.

Un mouvement de révolte secoua le jeune palefrenier.

— Avec quoi, si tout le pays est sous l'eau ? s'écria-t-il.

— Oui, je comprends, fit Jan désarmé.

Peet replaça l'herbier dans le coffre dont il referma le couvercle doucement.

— Vous voyez, je le mets là. Si je ne reviens pas avant l'exode, donnez-le à Marijke.

Pour plus de sûreté, il alla ouvrir la porte.

— Elle habite cette maison, à droite, Marijke ! Vous vous en souviendrez ?

— Oui, murmura le blessé que la fatigue envahissait de plus en plus.

— Alors, je m'en vais.

Peet tendit la main. Jan posa ses doigts brûlants de fièvre sur la paume fraîche.

— Bon courage, Peet.

— J'espère que nous nous reverrons.

— Je l'espère aussi.

Jan ferma les yeux et tourna la tête vers le mur. Peet quitta l'écurie sur la pointe des pieds.

Dehors, la journée de juin tenait ses promesses, il faisait un temps magnifique. Peet en ressentit du soulagement. Est-ce que quelque chose de mauvais pouvait lui venir d'un ciel aussi beau, d'une campagne aussi paisible ?

« Il faudra ouvrir l'œil, pourtant, les dragons sont partout. »

Sa maîtresse arrachait des légumes dans le jardin. Il en profita pour se glisser dans la salle commune. Il s'empara d'un gros quignon de pain noir, mais hésita devant un splendide jambon entamé qui exhibait fièrement sa viande d'un beau rouge brun frangé de blanc.

« Le jambon pour les voyageurs de marque,

celui dont j'ai envie depuis que je suis ici. Ce serait peut-être le moment d'y goûter ! »

Peet saisit un couteau et s'apprêtait à se couper une belle tranche quand il se ravisa :

« Ça se verrait ! »

Il hésita encore, jeta un coup d'œil sur le jardin où Agatha, courbée vers le sol, arrachait toujours ses légumes et dit enfin en faisant pénétrer d'une main experte la lame dans la viande fumée :

— Qu'est-ce que ça peut faire ? Ce sera autant de pris aux dragons du roi de France !

Il fendit le pain dans lequel il glissa la tranche de jambon ; un morceau dépassait, il le coupa avec les dents et le trouva tout à fait à son goût.

Peu après, il marchait sur la route du pas d'un petit paysan sans soucis qui se rend à la ville.

Et c'était vrai que ses soucis s'estompaient un peu devant cette liberté toute neuve qui lui avait été imposée en quelque sorte. Il goûtait le plaisir animal de vivre une belle journée de soleil.

Puis, tout à coup, il repensait à sa mission. Il regardait alors les pacages gorgés d'eau et les moulins innombrables, les chaumières au toit roux et les vaches si paisibles qui, bientôt, allaient mugir d'épouvante en se précipitant sur les barrières pour les briser. La joie de sa

liberté dans les champs se mêlait à l'importance du rôle qu'il avait à jouer et aux visions affreuses du cataclysme proche.

Il marcha pendant des heures, inconscient de la fatigue qui faisait lourdes ses jambes et chaude la poussière du chemin. Il suivit la route droite, bordée çà et là d'un peuplier fuselé, d'un saule, de trois aulnes qui ramassaient sous eux une ombre presque fraîche.

Il s'y assit. Tout en mangeant ses provisions, il regarda les habitations éparpillées dans la campagne. Pas une ne lui était connue. Des soldats ennemis, il n'y en avait point. C'était à se demander si le pays était en guerre. Louis XIV devait tenir en piètre estime ce peuple de marchands et de marins qui l'avait laissé entrer si facilement.

« Dans quelques jours, il va voir que les "Rois de la mer" savent ce qu'ils veulent ! »

Peet sentit monter en lui une bouffée d'orgueil. Il décida de tracer tout de suite un plan pour mener à bien son aventure.

Il n'en eut pas le temps. Un paysan approchait, poussant deux vaches devant lui. Les bêtes s'arrêtèrent près du garçon qu'elles considérèrent avec inquiétude et curiosité.

— Tu n'es pas de chez nous, fit l'homme en s'arrêtant à son tour, aussi curieux que ses vaches, et méfiant.

— Je suis de Muyden, répondit Peet.

Pour satisfaire l'inconnu et prévenir ses questions, il ajouta :

— Je suis employé dans une auberge du côté de Naarden... Je vais voir mon père.

Il n'avait dit que la vérité, mais il avait caché le but de son voyage. L'aventure soufflait déjà sur lui ; il sentit qu'il serait capable d'aller jusqu'au bout.

— Y a-t-il des troupes françaises dans le coin ? demanda-t-il au paysan. Je n'ai pas envie d'en rencontrer !

L'autre s'appuya au flanc d'une vache pour bavarder plus commodément.

— Y en a partout, de cette engeance, grogna-t-il, ils dorment plein la paille de chez nous !

— Et c'est où, chez vous ?

— La ferme avec les trois arbres, là-bas.

Peet ne voulut pas en entendre davantage. Il se trouvait sans le savoir à une portée de fusil des soldats.

— Bon, je crois que je m'en vais, dit-il vivement, j'ai un long chemin à faire avant ce soir.

Il partit, un sabot dans chaque main, pressant le pas et prêtant l'oreille. A sa gauche, le Naardenmeer miroitait sous le soleil, et Peet se souvint du jour où son père l'avait conduit à l'auberge. Ils avaient engagé prudemment la barque en eau peu profonde, évitant ainsi un long détour. Si Peet avait une barque aujourd'hui, il gagnerait du temps.

Les barques ne sont pas rares en Hollande. Quand elles ne naviguent pas, chargées de légumes, de tulipes et de lait, elles dorment au bord du lac, prisonnières des roseaux, ou attendent paisiblement, le nez enchaîné à un petit débarcadère dans l'angle d'un canal. Elles paraissent abandonnées, prêtes à servir à la commodité du voyageur, et rien n'est plus facile que de les libérer de leur entrave, de saisir la longue perche et de s'éloigner au fil d'un invisible courant.

Pourtant, celle que Peet choisit ne pouvait passer pour abandonnée. Elle renfermait au creux de sa coque deux paniers remplis de salades et un énorme couffin débordant de cerises.

« Voilà ce qu'il me faut, se dit le garçon. Je serai un cultivateur qui va vendre ses légumes à Amsterdam. »

Mais, dans le verger voisin, le vrai cultivateur terminait sa cueillette. Il semblait fort occupé, se demandant sans doute comment il atteindrait les derniers fruits au bout des branches.

Peet s'approcha sans bruit, dénoua la corde.... La perche maintenant. Sans la moindre brusquerie, il l'enfonça dans l'eau, pesa de tout son poids. La barque glissa très silencieusement jusqu'à une haie de saules chevelus qui la dissimula aux yeux de son propriétaire.

— Et voilà, c'est ça, la guerre ! s'exclama Peet, furieux de devoir faire, même pour la bonne cause, une action qu'il ne se serait pas permise en d'autres circonstances.

A présent, ce n'était plus qu'un jeu. Il n'avait qu'à se mettre au plus vite hors de portée du maraîcher, qui n'allait pas tarder à s'apercevoir de la disparition de son bien.

La perche s'enfonçait dans la vase en libérant des bulles qui s'accrochaient aux joncs ou crevaient dans le sillage de la barque. Les saules continuaient à offrir leur écran protecteur, tout allait pour le mieux. Peet se croyait en promenade et se mit à chanter.

Bientôt le lac apparut, bordé de broussailles qu'il fallait traverser. Peet n'avait pas pris le bon canal, mais un étroit passage où la barque se faufila difficilement et qui débouchait sur une vaste étendue de roseaux.

Il appuya de toutes ses forces sur la perche. La barque se fit un chemin au milieu du craquement des tiges brisées, des feuilles froissées qui se refermaient sur elle et dissimulaient sa présence.

Le garçon était partagé entre un sentiment de panique à la vue de cette végétation qui le retenait prisonnier et une impression de sécurité, car il savait bien qu'il échappait ainsi aux regards. Il posa la perche le long de la coque avant de s'étendre au fond de la barque, la tête près du couffin de cerises.

Comme le ciel était bleu et comme il faisait bon ! Peet avait toujours eu en lui le goût des longues flâneries dans la campagne, bien que sa condition de fils pauvre ne lui permît pas souvent de perdre une demi-journée sur les chemins. En ce moment, parce que c'était la guerre, parce qu'il avait rencontré Jan, il se trouvait dans cette situation à peine croyable.

« Si la barque coulait, maintenant, pensa-t-il, si je disparaissais au fond du lac, la Hollande ne serait pas noyée et elle appartiendrait peut-être bientôt au roi de France ! »

Mais il faisait trop beau et Peet n'avait que quinze ans. La scène avec Jan lui paraissait un mauvais rêve qu'il aurait fait au cours de la nuit et qui ne résisterait pas au soleil du matin. La brise courut dans les roseaux ; une grenouille plongea quelque part dans les herbes ; un oiseau chanta très haut dans le ciel.

Peet s'étira, rempli d'un bien-être délicieux. D'une main nonchalante, il prit une poignée de cerises dans le couffin. Il croqua les fruits un à un. Le jus sucré coulait dans sa gorge. Les noyaux, crachés sans relever la tête, tombaient dans l'eau avec un petit bruit sourd qui donnait envie de dormir.

Peet avait sommeil. La longue marche au

bord du lac l'avait fatigué ; l'émotion, le grand air l'avaient grisé, et cette bonne impression de sécurité au creux des roseaux faillit bien faire le reste.

« Je crois que je vais m'endormir, se dit-il en sursautant, ce n'est pourtant pas le moment ! »

Il s'arracha à la paresse de cet instant de solitude, se pencha sur l'eau pour s'asperger le visage, puis, debout, il inspecta l'horizon. La brise, plus forte, agitait les roseaux. Sur la route, un chariot passait, tiré par deux bœufs blancs, le mufle au ras du sol. Tout était calme.

Peet, lentement, se dégagea des herbes.

Il prit plaisir à cette navigation inattendue. Aucune crainte ne l'habitait ; il n'était conscient que de sa jeune force physique qui poussait la barque contre la brise, contre les vaguelettes. Il se redressa, une main sur les yeux, pour voir défiler la rive où une bécassine courait à un rendez-vous urgent. Puis il replongea la perche et faillit piquer une tête dans le lac.

Il ne sentit plus, tout à coup, aucune résistance, aucun contact avec le fond. La perche remonta à la surface, inutile, privée de cette force qu'elle communiquait à la barque. Peet l'enfonça de nouveau, puis de nouveau encore.

Alors il comprit qu'il avait trop gagné le large. Le petit bateau plat, fait pour naviguer sur les eaux dormantes des canaux, sembla hésiter devant ces grands espaces. Il s'immobilisa, puis, tournant sous la brise, il dériva lentement, lentement dans la direction opposée à celle qui avait été choisie.

Les berges s'éloignaient peu à peu. Peet tenta désespérément d'accrocher le fond. A plat ventre, le bras tenant la perche enfoncé dans l'eau jusqu'à l'épaule, il essaya en vain de trouver le point d'appui qui lui aurait permis de redevenir maître de la situation.

Il n'était qu'un médiocre nageur. Souvent, il avait plongé dans les canaux avec ses camarades, mais jamais il ne s'était aventuré dans un lac, en eau profonde. Il contempla avec désespoir la rive maintenant lointaine, les prés qui s'étendaient à perte de vue, et de l'autre côté, le Naardenmeer aussi vaste que les prés et chargé de menace.

Il n'avait plus rien à faire qu'à attendre. Il s'assit au bout de la barque pour réfléchir à la situation. Sous la poussée du vent, il glissait, emporté par un des nombreux courants qui sillonnent le lac.

« Si je pouvais atteindre les remparts, pensa-t-il, je rattraperais peut-être le temps perdu. »

A plat ventre, il essaya de ramer avec les mains. Ce n'était pas suffisant pour vaincre le courant, mais cela aidait un peu la force invisible qui le ramenait vers Naarden. La barque dériva plus vite en tournant sur elle-même.

Peet aperçut enfin la ligne grise et basse des fortifications. Il y avait plus d'une heure qu'il dérivait, et la vue des murailles, au-dessus de l'eau, lui causa une grande joie. Debout, les jambes écartées, les mains sur les yeux, il regarda des silhouettes sombres qui couraient sur le chemin de ronde.

Au même moment, la brise forcit ; la barque, comme si elle sentait approcher le port, se fit plus légère aux courtes vagues.

— Halte !

Un cri venait des murailles que Peet ne comprit pas.

— Ho ! Hé ! lança-t-il, les mains en porte-voix.

Mais son appel s'étrangla dans sa gorge. Il venait de reconnaître les tuniques des dragons français, leurs longs bonnets et leurs fusils.

— Halte ! répéta la voix. Halte ou je tire !

« Que dit-il ? » se demanda le garçon, qui ne comprenait pas le français mais sentait confusément qu'il était tombé dans un piège.

Il saisit la perche aussi vite qu'il put et la plongea dans l'eau avec l'espoir qu'elle serait assez longue. Il ne rencontra aucune résistance, le lac avait ailleurs ses bancs de sable, ses plages inclinées et ses longues herbes entrelacées.

Alors il regarda de nouveau les murailles. Il vit distinctement les soldats qui couraient et s'immobilisaient ensuite. Le soleil de l'après-midi fit jaillir un éclair du canon d'un fusil.

« Mon Dieu, murmura Peet, ils vont me tuer ! »

Il était étrangement calme, il avait seulement dans la poitrine un cœur qui durcissait et grossissait et lui faisait très mal.

Là-bas, les soldats épaulaient leurs armes, prêts à faire feu quand la barque inconnue serait suffisamment proche.

Peet se coucha au fond de la coque et attendit la mort. Il ne pensait plus à rien, il avait un grand vide dans la tête et, d'une façon incompréhensible, il entendait le cri d'une mouette qui planait au-dessus de lui comme pour le désigner au feu des sentinelles.

— Qui va là ? hurla la voix maintenant rapprochée.

Peet essaya de mettre entre les tireurs et lui la protection dérisoire de deux paniers de salades et d'un couffin de cerises puis, ôtant ses sabots, il se laissa rouler par-dessus bord.

Au même instant, une salve partit des murailles. Les balles ricochèrent sur le bateau et griffèrent la surface de l'eau.

Peet, à demi étouffé, remonta à la surface. Une seconde salve fit voler en éclats l'avant de la barque. Le malheureux replongea avec des gestes désordonnés. S'il ne savait pas bien nager, il était habitué à chercher sous l'eau, dans les trous des berges, les poissons qu'il saisissait à pleines mains et jetait triomphalement sur l'herbe du pré. Maintenant, le danger lui donnait des forces nouvelles. Il détendit les jambes comme il l'avait vu faire tant de fois aux grenouilles ; les yeux grands ouverts dans l'eau glauque, il sentit qu'il progressait.

Il remonta à la surface une seconde fois et fut surpris par le silence qui l'accueillit. Plus de coups de feu, plus de ricochets sur les vagues. C'était toujours, au-dessus du lac, la même belle journée ensoleillée qui lui avait tant plu.

Mais, pour Peet, il n'y avait plus de journée ensoleillée, plus de promenade. Finie l'illusion, finie aussi la paisible liberté dans les champs. Pour le moment, le plus pressant était de gagner la berge par n'importe quel moyen. Les dragons croyaient sans doute avoir tué l'occupant du bateau, car ils avaient repris leur va-et-vient tranquille. Les débris de la barque flottaient, éparpillés.

Peet s'essoufflait, il gaspillait ses forces en des mouvements maladroits qui ne le maintenaient qu'à grand-peine à la surface. L'eau entrait dans sa bouche, il en buvait de brèves gorgées chaque fois qu'il tentait de reprendre sa respiration.

Ses jambes, ses bras se firent plus lourds ; il sentit que toute lutte à présent était vaine. Incapable de continuer à se débattre, il s'abandonna à son sort. Son corps raidi descendit lentement, ses pieds touchèrent le fond spongieux, sa tête resta à l'air libre !

Peet avait atteint un banc d'alluvions, il était sauvé de la noyade s'il ne l'était pas encore tout à fait des balles. Il ferma les yeux de faiblesse et de joie.

Comme pour arrêter l'exaltation de son cœur, un coup de fusil claqua de nouveau, venu d'un autre point des remparts. Peet ne sut pas s'il lui était destiné. Trébuchant, éperdu, il se jeta en avant vers les roseaux qui peuplaient le bord.

Ils se refermèrent sur lui comme des amis, ils lui firent un abri frissonnant. Peet resta immobile, accroupi dans l'eau. Ses nerfs, trop longtemps tendus, craquèrent ; il pleura à chaudes larmes et en fut soulagé.

Puis, à travers les longues feuilles en rubans, il chercha dans quelle direction il allait fuir.

Un petit bois arrivait jusqu'au lac.

« Si je peux l'atteindre, pensa Peet, je ne serai plus vu des remparts. »

Mais il avait trop peur pour se risquer en

terrain découvert. Le pré qui le séparait du bois lui paraissait infranchissable. S'il essayait de le traverser, il allait s'abattre au milieu, une balle dans le dos. Il en était si sûr qu'il croyait déjà sentir une douleur cuisante entre les épaules.

— Maudite soit la guerre, murmura-t-il en pleurant, je la déteste ! Je la déteste !

Il marcha dans les roseaux aussi longtemps qu'il put. L'eau lui arrivait à la ceinture et, quand il tombait dans un trou, elle se refermait sur ses épaules comme pour essayer de le retenir. Il s'agrippait aux touffes de joncs, tremblant chaque fois que sa progression faisait se lever un oiseau aquatique, s'immobilisant quand un bruit venait jusqu'à lui.

Il atteignit ainsi le point le plus rapproché du bois. La tête hors des roseaux, il inspecta les environs, ferma les yeux une seconde pour puiser en lui une énergie nouvelle puis, sans réfléchir davantage, il s'élança sur le pré qu'il franchit en trois bonds.

Le silence l'étonna. Il s'était tellement attendu à l'éclatement d'un coup de feu qu'il resta à écouter, grelottant de froid et de peur.

— Sauvé ! Je suis sauvé !

De nouveau, il avait la terre ferme sous les pieds. Il en fut si heureux qu'il ne sentit plus sa fatigue. Il se mit à courir, sans regarder derrière lui, jusqu'au moment où une racine, en travers du chemin, le fit rouler dans le taillis.

Alors, un peu calmé, il sortit du bois. Le soleil était encore haut dans le ciel, il en accueillit la chaleur avec reconnaissance.

Chapitre 6

Il marcha longtemps, en évitant les routes. Son cœur n'était plus à l'allégresse. Peet allait pourtant, à travers les herbes et les eaux, vers le coin de terre où il était né. Il en reconnaissait les senteurs à mesure qu'il s'en approchait. Le hameau natal a aussi des couleurs et des sons qui n'appartiennent qu'à lui et qu'on ne retrouve pas quand on s'en éloigne, ne serait-ce que de cinq lieues.

Quelle joie il aurait eue s'il était revenu à Muyden un jour de paix ! Il n'avait quitté la maison que depuis un mois, mais il n'avait cessé de penser à ce retour comme à un moment heureux. Maintenant, tout était différent.

Peet contournait les habitations alors qu'il

aurait eu envie de saluer de braves gens. Il suivait son chemin en se cachant quand une laitière trayait ses vaches dans un pré. Il avait peur, surtout, de rencontrer un visage connu, un homme qui, au retour de son travail, dirait en croisant le père :

— Ton fils est de nouveau au pays ? Je l'ai vu sur la route de Naarden.

Et le père, étonné, ne comprendrait pas, il imaginerait des choses tristes. Il serait inquiet. Peet ne voulait pas que son père ait de la peine à cause de lui.

Il s'arrêta soudain. Le chemin qu'il venait d'atteindre se divisait en deux. Un petit sentier, tout droit, tout étroit parce que les herbes de juin essayaient de le recouvrir, un petit sentier s'en allait sur la gauche, à travers les pâturages. Peet savait qu'en le suivant il arriverait à la chaumière de ses parents. Il rencontrerait d'abord une ruine mangée de lierre et de chiendent, puis un bouquet d'arbres, puis trois maisons, puis...

De l'autre côté, le chemin, plus large, rayé d'ornières, conduisait à Amsterdam. Peet, les bras ballants, regardait tour à tour le grand chemin et le petit sentier. Une envie s'empara de lui, le désir irrésistible de courir jusqu'à sa maison, de crier d'aussi loin qu'il pourrait :

— C'est moi, Peet ! Peet ! Me reconnaissez-vous ?

Bien sûr qu'on le reconnaîtrait s'il arrivait, là, maintenant ! La mère lâcherait la grande cuiller de bois avec laquelle elle tournait la soupe sur le feu. Les petites sœurs courraient, empêtrées dans leurs larges jupes. Le père froncerait le sourcil, se demandant pourquoi on avait renvoyé le garçon.

— Mais non, père, je reviens, c'est tout, je reviens !

Peet avait murmuré ces mots tant il vivait la scène. Ce bonheur était là, à une demi-lieue. Il n'avait qu'à presser un peu le pas et il arriverait avant le coucher du soleil.

« Mais il y a la guerre ! »

Il y avait la guerre, en effet. Et que peut un pauvre garçon de quinze ans contre un roi qui a décidé, un soir, dans son château de Saint-Germain, que la Hollande serait à lui ? Pourtant, est-ce que cela ne compte pas, une chaumière ? Est-ce que cela ne compte pas, le malheur d'un garçon de quinze ans ?

Peet avait tant de peine qu'il en oubliait le danger couru par ses compatriotes. Il avait à résoudre un problème difficile dans lequel tout son cœur était engagé : il était là, à deux pas de sa maison, il avait envie de se retrouver sous son toit et il devait porter à Amsterdam l'ordre de la noyer.

— Pourquoi ? Pourquoi ? s'écria-t-il, pourquoi y a-t-il la guerre ? Quel mal avons-nous fait pour qu'on vienne chez nous ? Je n'irai pas à Amsterdam ! Je ne verrai pas Karel ! Je ne dirai rien ! Je déteste la guerre !

Poussé par un mouvement de révolte, il s'élança dans le sentier. Il courait, les yeux brouillés de pleurs, soulagé de contrecarrer une entreprise dont il avait horreur.

Il arriva devant la ruine. Il s'arrêta. Le bouquet d'arbres était déjà visible ; bientôt la maison le serait aussi.

Alors, il ne pourrait plus revenir sur ses pas, il le savait bien. S'il apercevait le toit avec sa maigre petite fumée, s'il voyait une coiffe blanche au bord du canal, il ne pourrait plus résister à l'envie de se jeter dans les bras de sa mère et il trahirait Jan.

Il se souvint du visage de Jan et de ses paroles aussi.

« Tout comme toi, je déteste la guerre, mais, au point où nous en sommes, nous ne pouvons plus nous interroger. Quand la guerre s'abat sur nous, il est inutile de faire comme si elle n'existait pas. »

Jan avait eu, pour dire ces mots, un visage marqué par la souffrance, et ce n'était pas sa blessure seulement qui lui faisait mal à ce moment-là. Jan, pas plus que Peet, n'était celui qui pouvait ouvrir les digues avec un sentiment de joie. S'il avait choisi Peet, c'était en partie parce que Peet lui ressemblait.

Le garçon écarta les ronces pour entrer dans la masure. Là, dans la solitude de cette ruine, le silence lui fit du bien. Le soleil couchant mettait du rose sur le vieux pisé lépreux ; il y avait, autour de lui, la douceur des vieilles choses oubliées.

Peet s'assit, le menton sur les genoux. Il regardait fixement un petit espace de sable fin que les herbes avaient épargné. Mais, au-delà du sable, au-delà des herbes, il essayait de voir de quoi le lendemain serait fait.

« Maman, pensa-t-il tandis que les larmes revenaient plus nombreuses et presque douces, maman, je ne veux pas trahir. Je ferai ce qu'on m'a commandé. Mais j'irai vite te chercher avant que la digue éclate et nous fuirons avec le père et mes sœurs. Nous irons vers le pays d'Utrecht, et que Dieu nous protège ! »

Du dos de la main, il se frotta le nez en reniflant. Sa décision était prise. Il revint sur le sentier et, lentement, il partit en sens opposé.

Il n'y avait pas de temps à perdre, le soir arrivait. Mais pourquoi hésiter maintenant qu'il avait choisi ? Peet se sentait apaisé ; il était fatigué par toutes les émotions éprouvées au cours de cette journée. En même temps, il savait qu'il allait retrouver sa famille dès le lendemain, qu'ensemble ils courraient un grand péril, mais que peut-être ils en réchapperaient.

Il arriva à Amsterdam. La ville l'intimida. Il n'y était jamais allé ; son plus long voyage, il venait de l'accomplir. Il n'avait jamais vu non plus ces grands bateaux aux ailes repliées, arrêtés un moment le long des quais et prêts à s'élancer de nouveau sous les vents favorables. On disait qu'ils allaient aux Indes, des pays étranges aux richesses innombrables, où des femmes très belles étaient voilées de gaze bleue, où des animaux terribles se coulaient dans des branches aux feuilles plus grandes que des maisons.

Peet se souvenait des récits que faisait un ancien marin retiré à Muyden pour, disait-il, y fumer en paix ses dernières pipes. Ce vieux loup de mer était allé dix fois aux Indes et il savait parler des merveilles qu'il y avait vues.

Quelques-unes de ces merveilles s'entassaient sur les quais d'Amsterdam, enfermées dans des barils cerclés de fer, dans des caisses, dans des ballots qui dégageaient des parfums inconnus. Peet n'aurait jamais cru que tant de marchandises, amoncelées près de l'eau noire, aient pu venir du monde entier pour la plus grande richesse de la Hollande.

Il allait, dans la foule des passants affairés, curieux de tout ce qu'il voyait, avec, au cœur, une excitation qui était comme un appel.

Soudain, il s'arrêta, le souffle coupé.

Au milieu des cris et de l'agitation, un grand bateau hissait ses voiles. Elles se déployaient, montaient le long des cordages, s'incurvaient sous le vent de la mer. On sentait courir dans tout le navire un frémissement, une impatience de partir, de quitter le calme du port et de braver mille tourmentes sur le chemin du Levant.

Peet vit apparaître à la proue un personnage comme il n'en avait jamais rencontré. Un grand feutre noir, une barbe plus noire encore, une voix faite pour être entendue à travers tous les orages des Tropiques, une colère qui semblait éternelle : c'était le capitaine commandant la manœuvre.

Perché sur son épaule, imperturbable pendant que son maître tonnait, un perroquet ne bougeait pas plus que s'il eût été empaillé.

Des matelots grimpaient aux cordages, roulaient au creux des premières voiles hissées, se balançaient au bout de filins, avec une vertigineuse rapidité. Une sorte de joie féroce les habitait.

Le capitaine, sans cesser de hurler, tira un pistolet de sa ceinture puis, dirigeant le canon de son arme vers le ciel comme pour un défi plein d'arrogance, il fit feu. Des vivats retentirent aussitôt. Les marins, accrochés aux mâts, suspendus entre l'eau et les nuages, firent de grands gestes d'adieu. Lentement, halé par des chevaux, le bateau glissa le long du quai.

Peet le regarda partir. De nouveau, il avait oublié le but de sa venue à Amsterdam. Trop de gens autour de lui, trop de bruits et de mouvements le sollicitaient. Le crépuscule pourtant s'annonçait par des détails infimes, dans l'eau qui paraissait plus profonde à mesure qu'elle s'obscurcissait, dans le ciel très doux qui se patinait de gris.

Peet comprit soudain que l'heure avançait.

— S'il vous plaît, monsieur, la rue des Drapiers ?

L'homme qu'il avait interrogé continua son chemin.

— La rue des Drapiers, s'il vous plaît !

— J'sais pas.

— La rue des...

Il s'était adressé cette fois à une grosse femme chargée d'un panier de harengs. Elle passa, silencieuse et courroucée, au milieu d'un relent de marée.

Peet commençait à éprouver une vraie panique. Il se sentait perdu au milieu de cette foule grouillante qui ne se souciait pas de lui, le bousculait, l'invectivait en des langues qu'il ne connaissait pas. Car il n'y avait pas que des Hollandais sur les quais ; on y croisait des gens d'Espagne à la peau brune, des corsaires anglais et des hommes venus de trop loin pour qu'on sût au juste quel était leur pays.

Le garçon prit la première rue à droite. Elle paraissait, après l'effervescence du port, un paradis de silence et de solitude. Un canal la longeait, calme, immobile, bordé de tilleuls. De l'autre côté, les maisons de bois peint s'alignaient en mêlant leurs couleurs. Façades rougeâtres aux fenêtres encadrées de blanc, frontons découpés en escalier, murs bruns, verts, de planches assemblées, et murs de pierre taillée, sculptée de feuillages et de visages grimaçants. Peet admirait ces maisons, lui qui n'avait vu que les chaumières de Muyden. Deux ou trois chandelles s'allumèrent derrière les petites vitres serties de plomb. Le soir arrivait et rien, aux yeux candides du jeune palefrenier, ne laissait voir l'inquiétude née des guerres perdues.

Au tournant de la rue, un homme survint, vêtu de noir, la mine rassurante.

— S'il vous plaît, monsieur, la rue des Drapiers ?

L'homme s'arrêta. Peet se sentit inondé de reconnaissance.

— La rue des Drapiers ? Voyons !... C'est dans le centre de la ville, à deux pas du beffroi. Pour vous dire exactement où elle est, je ne sais pas,

mon petit bonhomme. Mais je suis sûr que vous devez aller tout droit.

— Merci, monsieur !

Peet, avant de quitter Naarden, avait pensé aux balles des Français, à leurs chevaux rapides, à leurs embuscades, mais jamais il n'avait songé à la difficulté de trouver son chemin dans Amsterdam.

Quand il arriva au cœur de la ville, la nuit était tombée. Dans les rues marchandes, les commerçants fermaient leurs boutiques et les charcutiers mettaient autant de hâte à baisser leur auvent sur leurs jambons que les diamantaires sur leurs pierres précieuses. Çà et là, un fanal s'allumait ; une tache de lumière imprécise tombait alors sur les pavés, glissait sur les façades et faisait plus noire encore la zone d'ombre qui l'entourait.

Peet regretta d'avoir perdu du temps sur le port. S'il n'avait pas flâné, il serait à présent chez Karel. Le beffroi jeta sur la ville dix coups de son gros bourdon. Les honnêtes bourgeois s'étaient enfermés chez eux maintenant. Peet frissonna quand il croisa des silhouettes qui marchaient sans bruit, avec des regards fureteurs, des pas précipités. Les gens de la nuit sortaient ; ils se dirigeaient vers de mystérieux rendez-vous et se faufilaient dans les ruelles, plus silencieux qu'une ombre, plus inquiétants aussi.

Peet sentait la peur monter en lui. On l'épiait, on le suivait. Il avait envie de courir, mais vers où ?

Une petite lumière se balança au coin de la rue. Elle monta, s'abaissa le long d'une porte cochère, continua son chemin. Peet distingua un homme vêtu d'un ample manteau noir, coiffé d'un feutre immense et qui tenait une hallebarde à la main.

« Je suis sauvé, pensa-t-il, c'est sans doute un veilleur de nuit ! »

— S'il vous plaît, monsieur, où se trouve la rue des Drapiers ?

L'homme éleva sa lanterne jusqu'au visage du garçon. Peet, ébloui, cacha ses yeux au creux de son coude.

— Qui es-tu ? Et où vas-tu à une heure pareille ?

On peut avoir préparé les réponses à toutes les questions, on est quand même pris au dépourvu quand un veilleur de nuit vous interroge.

— Je... je vais chez un ami de mon frère, répondit Peet en découvrant son visage.

L'autre, la lanterne toujours haut tenue, scrutait le regard de Peet comme s'il y eût vu de coupables projets.

— Je n'aime pas beaucoup les garçons qui courent la nuit par les rues. Un honnête jeune

homme est chez lui, à cette heure !
— Mais...
— Quand aurez-vous donc fini de me donner du travail ? Est-ce qu'un veilleur n'a pas le droit, lui aussi, de passer une nuit tranquille ?
— Je vous assure que je ne fais rien de mal !
— On dit ça ! Pas un moment de repos, tu entends, pas le moindre petit somme ! Et voilà trente ans que ça dure !
L'homme était de mauvaise humeur à l'approche d'une nouvelle nuit de veille.
— Je comprends, monsieur. Votre travail est sans doute très pénible...
— Ah ! Il comprend ! Enfin, quelqu'un qui me comprend !... Veiller, mon ami, est un art et une aventure. Il y faut l'œil, le doigté, de la résolution et de la patience !
— C'est vrai !
— Brave petit ! Il reconnaît mon mérite !
— La rue des Drapiers ?
— Oui, la rue des Drapiers... Je ne suis pas bavard, mais j'aime la conversation. Or, qu'est-ce que je rencontre dans mes rondes de nuit ? Des chats et des voleurs ! C'est lassant à la fin ! Toi, tu as l'air aimable, faisons un bout de chemin ensemble !
— D'accord, mais dans la direction...
— De la rue des Drapiers, je sais !
Après tout, c'était mieux ainsi ; Peet en fut presque rassuré.

— Les voleurs, je ne m'en occupe pas, poursuivait le guet, ce n'est plus de mon âge de courir après eux. Mais l'incendie, c'est autre chose. Pas un incendie, tu entends, pas un que je n'aie senti en trente ans d'exercice. C'est avec mon nez que je les découvre !... Pourquoi donc marches-tu si vite ?

— C'est que...

— Ah, oui ! Eh bien, c'est là, dit-il comme à regret en pointant sa hallebarde vers une ruelle sombre aux vieilles bâtisses médiévales.

Peet regretta la lueur des lanternes. Au-dessus de sa tête, les pignons des maisons se découpaient en dents de scie sur l'obscurité du ciel. De tous côtés, c'était le silence traversé parfois par un miaulement aigu ou un frôlement dans une encoignure.

Une chandelle brûlait derrière une fenêtre d'un premier étage. Sa lumière était si douce, si réconfortante que le garçon s'en approcha. C'est alors qu'il aperçut une enseigne de tôle décorée de ciseaux et d'aiguilles.

« Est-ce que Karel est derrière cette fenêtre ? » se demanda Peet, qui ne pouvait croire à sa chance.

La porte était close. Il frappa du poing. Cela fit un bruit qui sembla remplir la ruelle. En haut, la fenêtre s'ouvrit, un homme se pencha.

— Qui est là ?

C'était une question bien simple, et pourtant, une fois encore, comme il était difficile d'y répondre, là, en pleine rue, en pleine nuit !

— C'est moi, Peet, je viens pour... Je viens de la part de Jan !

— Quel Jan ?

— Jan !... Votre ami d'enfance. Ouvrez donc ! Ce que j'ai à vous dire est important !

Il attendit deux minutes qui lui parurent des heures. La porte s'ouvrit enfin, livrant passage à un homme porteur d'une chandelle.

— Comment vous appelez-vous, monsieur ? demanda Peet.

— Qu'est-ce que cela peut vous faire ?

— Oh ! Je vous en prie, dites-le-moi. Je viens de la part de Jan. Êtes-vous Karel ?

— Oui.

— Jan est blessé. Il m'a chargé d'une commission pour vous, mais je ne peux vous expliquer cela dans la rue !

— Venez !

Peet monta à l'étage derrière Karel. Ils entrèrent dans une pièce. Tout de suite, Peet ressentit le calme qui y régnait. Au bout du voyage, il échouait dans un lieu de paix et de silence. Il resta sur le seuil, interdit par tant de propreté et par ce qu'il prenait pour du luxe : la fenêtre aux petites vitres qui faisait sur la nuit un écran protecteur, les carreaux noirs et blancs du dallage, les murs blancs, le tapis qui enveloppait la table de ses plis profonds...

Il n'eut pas le temps de tout voir, car il venait de rencontrer le regard d'une jeune femme, assise dans le cercle lumineux de la chandelle, qui brodait.

— C'est Jan qui nous l'envoie, fit Karel très vite.

Hendrickje laissa retomber sur la table sa main qui tenait l'aiguille. Son regard se fit interrogateur et l'embellit encore.

Car elle était très belle. Aucun voile ne cachait ses cheveux en cette heure nocturne ; ils étaient dénoués sur les épaules et blonds comme jamais ne furent blonds des cheveux dans la lumière. Son teint avait pâli sous l'effet de la surprise.

— Mon Dieu, murmura-t-elle, lui serait-il arrivé quelque chose ?

— Oui, madame, il est blessé.

Karel s'élança à son tour dans la zone lumineuse.

— Gravement ?

— J'sais pas. Une balle dans l'épaule.

Peet vit les deux visages tendus vers lui, celui d'Hendrickje dont les yeux se mouillaient déjà, celui de Karel, un peu lourd, rose et lisse, avec le regard franc de l'ami inquiet.

— Où est-il ? demanda l'homme en s'asseyant.

— A Naarden, à l'auberge où je travaille. Il m'a chargé d'un message pour vous. Dimanche matin, les digues de Muyden doivent sauter. C'était lui qui devait le faire. Maintenant, c'est vous.

La main d'Hendrickje, au-dessus de la table, chercha celle de Karel.

— Moi, je..., fit Karel.

— Oui.

Peet contemplait l'homme et la femme assis devant lui, figés par la surprise. Il éprouvait une sorte de plaisir à leur assener cette nouvelle qui les laissait sans voix et qui faisait de lui, Peet aux sabots, un personnage important. Puis il vit le regard d'Hendrickje ; ce n'était plus de la surprise qu'on y lisait, mais de l'amour inquiet, le début d'une angoisse qui allait durer trois jours.

Alors il redevint le petit Peet qui détestait la guerre, Peet aux herbes séchées, celui dont le cœur se révoltait à la seule idée de la violence.

— Jan ne voulait pas accepter cette mission, dit-il, on l'a forcé. Il ne voulait pas non plus me charger du message, il trouvait que c'était trop dangereux. Car c'était dangereux, vous savez ! On a tiré sur moi, j'ai failli me noyer ! Vous, madame, vous devez m'aider à provoquer l'exode. Et surtout, pas un mot ! Jan a dit : « Pas un mot ! » Il vous fait confiance.

— Écoutez, jeune homme, fit Karel, je ne comprends rien à votre histoire. Vous arrivez ici, un soir, et vous nous dites : Faites sauter les digues, provoquez l'exode d'Amsterdam !

— C'est exactement ça !

— Oui ! Eh bien, ça ne vous paraît pas un peu extraordinaire ?

— Non.

— Vous avez de la chance !

— Je viens de Naarden. Les dragons français ont pris la ville. Je les ai vus tout casser dans une belle maison. Quand la guerre s'abat sur nous, il est inutile de faire comme si elle n'existait pas.

Karel regarda Peet, indécis.

— Cela ressemblerait assez à des paroles de Jan, en effet, pensa-t-il tout haut.

— C'est Jan qui vous envoie ? Qu'attend-il de moi exactement ? demanda Hendrickje, de plus en plus inquiète.

Il faut que les gens, ceux des campagnes surtout, quittent la région pour la province d'Utrecht. Là-bas, ils seront à l'abri de l'inondation. Nous devons faire croire que c'est par peur des Français qu'il faut partir. Vous à Amsterdam, moi à Muyden, nous devons mettre les réfugiés en route.

Hendrickje se tourna vers son mari comme pour chercher une protection.

Karel réfléchissait. Son corps massif pesait lourdement sur la table, une de ses mains fourrageait distraitement dans ses cheveux blonds. Il releva la tête, considéra longuement Peet.

— Qui me prouve que vous dites la vérité ? fit-il.

Peet attendait ce moment et il n'était pas mécontent de l'effet de surprise qui allait suivre.

— Dis à Potiron que c'est le Goéland qui t'envoie !

Karel eut presque un sourire. Il se redressa et s'appuya au haut dossier de sa chaise.

— Il vous a dit cela ?

— Oui.

— Alors, c'est bien Jan. C'est là un souvenir d'enfance, expliqua-t-il en se tournant vers sa femme. Quand nous avions à peu près l'âge de ce garçon, j'étais un adolescent rondouillard aux joues luisantes comme l'écorce des potirons. C'était Jan qui le disait. Lui, il était grand et mince, avec un regard d'oiseau de mer, de longs bras, et il donnait l'impression d'être toujours prêt à s'envoler au-delà de l'horizon. Comme tu vois, Hendrickje, nous étions tout à fait différents l'un de l'autre, et pourtant nous formions une paire de vrais amis.

Hendrickje, qui avait complètement abandonné son ouvrage, lissait du plat de l'ongle l'ourlet de son mouchoir.

— Je comprends ce que tu vas me dire, Karel, et je t'approuve. Nous devons à l'amitié de Jan de lui obéir au moment nécessaire. Jan est mon ami aussi depuis que je le connais. Nous devons faire ce qu'il nous demande.

— Mais... c'est terrible ! Et nous serons séparés !

— Nous serons très prudents. Nous nous donnerons rendez-vous en pays d'Utrecht. Nous nous retrouverons. Nous avons d'ailleurs toute la nuit pour parler de cela. Ce qu'il faut maintenant, c'est accepter tout de suite et ne pas revenir sur notre décision.

Karel se leva. Il entoura de ses bras les épaules de sa femme.

— Tu es bonne, ma douce mie.

Elle posa la main sur sa main à lui, dans un geste qui devait lui être habituel.

— Mais qui a donné l'ordre ? demanda soudain Karel.

— Les magistrats, répondit Peet.

— Je comprends, murmura Karel comme pour lui-même. Notre pays est perdu et mieux vaut qu'il le soit par la mer. Mais pourquoi avoir choisi Jan, un garçon qui était si peu fait pour cela ?

Peet avait l'impression que la chandelle baissait, que les ombres se faisaient plus épaisses. Les voix lui paraissaient lointaines. Une envie de dormir s'était emparée de lui et il avait toutes les peines du monde à garder les yeux ouverts. Hendrickje s'en aperçut.

— Karel, dit-elle, ce garçon tombe de sommeil. Dieu seul sait par quels chemins il est arrivé jusqu'à nous. Je vais le faire coucher. Demain il nous expliquera mieux ce qu'il sait.

— Mais, peut-on attendre jusqu'à demain ?

— Oui, il le faut. Nous avons jusqu'à dimanche matin, n'est-ce pas ? Laissons-le dormir et puis nous chercherons ensemble ce que nous devons faire.

Karel regarda sa femme avec tendresse et esquissa un sourire.

— Tu as raison, il doit être très fatigué.

Hendrickje se leva et invita Peet à la suivre. Il se leva aussi mais, quand il fut debout, il tituba.

— Vous avez peut-être faim, dit Hendrickje en le prenant doucement aux épaules.

Il avait faim, il avait soif, il avait sommeil. Une grande faiblesse l'accablait.

Chapitre 7

— ENTREZ, Peet, vous vous reposerez.

Hendrickje ramassa sa jupe d'un joli mouvement de bras, pour laisser le passage.

— Je crois que vous serez bien, ici. Dormez tout votre saoul et ne vous souciez de rien.

Elle alla fermer la fenêtre, tira le lourd rideau rouge sombre, ouvrit ceux du lit, tapota l'oreiller.

— Une seule recommandation, voulez-vous ? N'oubliez pas de souffler la chandelle avant de vous endormir. La maison est très vieille et nous craignons toujours un incendie.

— Oui, madame.

— Bonne nuit, Peet.

— Bonne nuit, madame... Madame !

— Oui ?

Hendrickje se retourna.

— Je regrette de vous rendre malheureux, Karel et vous. Moi non plus je n'aime pas la guerre et je suis malheureux aussi.
— Il faudrait être bien méchant pour aimer la guerre.
— On dit que les Français l'aiment.
— Les Français ? Le roi de France plutôt.

Peet hésitait, au bord d'une question. Hendrickje le sentait bien ; elle attendait, les mains jointes au creux de sa robe brune, si douce et si belle que Peet en fut bouleversé.
— Croyez-vous que Karel fera ce que Jan lui demande ? dit-il tout d'une haleine.
Elle s'assit, comme fatiguée soudain. Était-ce parce que la chandelle baissait que Hendrickje paraissait si pâle ?
— Peet, murmura-t-elle, quel malheur se prépare pour nous ? Vous voyez, je pleure, c'est stupide, n'est-ce pas ? Nous, les femmes, nous ne savons que pleurer.
Elle tira un mouchoir de sa manche et s'essuya les yeux en un petit geste rapide. On sentait qu'elle faisait un effort pour contenir des larmes qu'elle ne voulait pas verser.
— Jan a dit qu'il fallait absolument que la digue soit détruite, insista Peet.
— Elle le sera. Je sais que Karel le fera. Moi-même je l'y aiderai. Je n'étais pas préparée à ce qui nous arrive, c'est seulement pour cela

que je pleure. Et puis aussi parce que, si je pleurais devant Karel, il ne ferait peut-être pas ce qu'il doit. Là, je vous laisse dormir, maintenant, reposez-vous bien, dit-elle avec une sorte de sourire.

Peet se retrouva seul dans la chambre. Qu'elle était belle, en son silence ! La chandelle tremblotait comme pour dire à Peet de se dépêcher, de ne pas trop admirer le broché de la courtepointe aux grands dessins rouges et noirs, les tentures du lit couleur d'or fondu qui abandonnaient un peu de leur reflet sur les murs blancs. Mais Peet laissa se consumer le reste de chandelle. Il ouvrit la fenêtre doucement, en prenant bien soin de ne pas déchirer le rideau rouge, et se pencha au-dehors.

Un canal endormi réfléchissait les étoiles, sans une ride, sans un frisson, calme, uni, d'argent obscur. Une odeur d'eau stagnante se mêlait à l'odeur des tilleuls. Les maisons, de l'autre côté du canal, n'avaient pas un signe de vie.

Peet referma la fenêtre. Il se déshabilla lentement et ce fut pourtant vite fait. Au moment de se mettre au lit, il vit les draps blancs qui gardaient un parfum de fleurs sauvages, l'oreiller orné de fine dentelle. Il en fut intimidé. Était-ce bien pour lui, ce lit de bourgeois ? Très consciencieusement, il s'essuya les pieds avec sa chemise.

Dès qu'il eut posé la tête sur l'oreiller, la chandelle qui, sans doute, avait mis son honneur de chandelle à vivre jusque-là, s'éteignit en un dernier sursaut. Peet resta étendu, les yeux grands ouverts dans l'obscurité. Il n'aurait jamais cru que de tels lits pouvaient exister. Il n'osait pas bouger, n'osait pas poser les mains sur la courtepointe, n'osait pas se retourner.

Une fatigue engourdissait ses jambes, faisait lourde sa tête. Après tant de dangers, il était arrivé au port, il avait accompli sa tâche. Demain, d'autres soucis viendraient, mais ils étaient pour demain. Quand la lune entra en brisant ses rayons aux carreaux de la fenêtre, elle n'éclaira qu'un petit paysan endormi sur un oreiller de dentelle.

La lune s'en alla et le matin parut que Peet dormait encore. Oubliés les draps blancs et la courtepointe brochée ! Peet était étendu à plat ventre, les bras en croix, une jambe jetée au travers de la soie rouge et noire.

Ce fut Karel qui vint le réveiller. Il le regarda un moment avant de le tirer de son sommeil.

« Que le sort est étrange, pensait-il. Parce que ce garçon est arrivé hier soir chez moi, tout va peut-être finir. Tout mon bonheur construit jour après jour, cette grande chance que nous avons, Hendrickje et moi, d'être ceux que nous sommes, tout cela sera perdu ! »

Peet se retourna, sans doute agité par un songe.

« S'il ne m'avait pas trouvé, si j'étais parti pour Leyde comme j'en avais l'intention ? J'aurais pu aller acheter du drap, j'avais décidé de me rendre à Leyde ! J'y serais allé si Hendrickje ne s'était sentie fatiguée. Il ne m'aurait pas trouvé, je ne saurais rien !

« Et qu'est-ce que je sais ? Je n'ai ni ordre écrit ni certitude absolue que c'est Jan qui me l'envoie !... Ce ne serait pas la première fois, hélas, dans notre histoire, que les Hollandais ouvriraient leurs digues ! Mais pourquoi les magistrats n'ont-ils pas donné l'ordre aux éclusiers ? Pourquoi Jan... ? Jan a suivi Guillaume d'Orange pour combattre, mais il reste fidèle aux magistrats. Cela lui ressemble. Il ne pouvait pas ne pas le faire. »

Peet poussa un soupir d'enfant heureux de dormir. Il bredouilla quelques paroles confuses et, blotti en chien de fusil, sembla disposé à dormir encore pendant des heures.

« Et comment pouvait-il confier à ce garçon un ordre écrit, lui qui venait de tomber dans une embuscade ? C'est pour cela qu'il ne lui a rien donné de compromettant. Dis à Potiron que c'est le Goéland qui t'envoie... Il faut agir par surprise, frapper un grand coup, montrer, par une explosion, la colère de notre peuple. C'est cela que veulent les magistrats. Jan ne peut pas me demander de faire quelque chose qui ne serait pas bien. Je le ferai donc. »

— Peet ! appela-t-il d'une voix ferme, réveillez-vous. J'ai encore quelques renseignements à vous demander.

*
**

— Dites, mère, quand est-ce que Peet viendra ?

— Bientôt.

— Vous dites toujours cela.

— Parce que c'est vrai.

— C'est quand bientôt ?

— C'est bientôt.

La petite fille se tut. Sa mère répondait toujours la même chose, ce n'était pas intéressant. Elle aurait voulu savoir pourtant quand Peet reviendrait. Il était si bon pour elle, il savait chanter de si jolies chansons ! Et puis il était fort ! Et jamais il ne se mettait en colère ! Et quand il avait une pomme bien rouge, il vous la donnait, sans plus de façons ! C'était sans doute ce qui étonnait le plus la petite fille. Jamais Katrinka, sa sœur, ne serait capable de cela, elle voulait toujours avoir les plus belles pommes.

Anja, à genoux près de sa mère, plongea dans le canal la chemise qu'elle devait laver. Mais elle n'avait pas le cœur à l'ouvrage.

— Dites, mère, quand est-ce que Peet viendra ?

— Tu recommences ! Lave donc plutôt ces bas, au lieu de tenir ton nez en l'air !

— Le voici, mère.

— Ne dis donc pas de bêtises !

— Je ne dis pas de bêtises. C'est lui, je crois bien.

Elle regardait une silhouette, sur le chemin, qui ressemblait beaucoup à son frère, mais qui était trop loin encore. Elle n'avait pas reconnu Peet, elle avait voulu simplement faire enrager un peu sa mère. Mais, maintenant...

— Oh ! Mère, je crois bien que c'est lui !

Elle s'était levée, le cœur battant, prête à courir, à pleurer si ce n'était pas lui. Sa mère se leva à son tour, lourdement, en s'essuyant les doigts au coin de son tablier.

— Voilà qui ne me dit rien de bon, grommela la brave femme. Qu'a donc fait mon vaurien de fils ?

Elle mit la main en visière sur ses yeux et poussa un cri.

— Peet, mon petit ! Mon petit !

Elle enjamba les paniers de linge ruisselant, avec une précipitation qui la rendait maladroite, et elle s'élança à la rencontre du garçon. Anja volait déjà sur le pré, les jupes aux genoux pour mieux courir.

Mais lui ne courait pas. Il s'était arrêté, raide, avec au cœur une grande peine.

— Peet, c'est toi ! C'est toi, mon petit !

La mère se jeta sur la poitrine de son fils, qui faillit tomber à la renverse.

— Tu as maigri ! s'écria-t-elle sans rien voir. Tu n'es pas malade, au moins ?

— Mais non, mère !

Elle le saisit aux épaules, à deux mains, et, le tenant à bout de bras, elle voulut, tout de suite, savoir ce qui n'allait pas.

— On t'a renvoyé ! Tu as fait quelque chose de mal !

Il eut un sourire gentil et triste, un sourire qu'elle lui voyait pour la première fois.

— Mais non, mère, je vous assure.

Anja se suspendait au bras de Peet et elle babillait, heureuse de retrouver son grand frère juste au moment où l'absence de celui-ci se faisait plus lourde à supporter.

— Quelle chance que tu sois là, Peet ! Viens voir tout de suite les belles fleurs que j'ai semées sous la fenêtre. Elles ont fleuri. A croire qu'elles ont deviné que tu allais arriver. Viens !

Il se laissa entraîner parce qu'il ne savait comment annoncer à sa mère la raison de son retour. La pauvre femme ! Elle croyait que son fils était malade ou qu'il avait fait une mauvaise action.

« Est-ce qu'elle pense que je suis un voleur ? s'inquiéta-t-il soudain. Ah ! Ça non, alors, je ne le supporterais pas ! »

Anja était rouge d'excitation. Elle voulait profiter de Peet avant que Katrinka ne revînt du pré avec le père. Dès qu'elle arriverait, Katrinka accaparerait Peet, c'était certain.
— Regarde, les belles pivoines ! C'est la meunière qui me les a données parce que j'ai reprisé six paires de bas du meunier. Et il y avait des trous gros comme ça !
— Elles vont fleurir.
— Oui, dans quinze jours à peu près. Tu seras encore là dans quinze jours ?
Peet sentit le rouge monter à ses joues. Dans quinze jours, où seraient-elles, les pivoines d'Anja ?
— Je ne crois pas, dit-il en s'intéressant démesurément à une grosse chenille velue qui gravissait une tige.
— Là, ce sont des dahlias, ils fleuriront en septembre.
— En septembre, répéta Peet distraitement.
— Et là, ce sont mes marguerites. Rien que des fleurs !
Peet ne put en entendre davantage. Il tourna les talons et partit à toutes jambes.
Anja le vit entrer dans la maison.
« Qu'ai-je dit de mal, se demanda la fillette, et pourquoi est-il parti si vite ? »
Peet retrouva avec un plaisir douloureux la salle aux poutres basses, enfumées, et sa

grande cheminée où brûlait un feu de tourbe. Il fit lentement le tour de la longue table sur laquelle il laissa traîner un doigt pour en reconnaître toutes les entailles anciennes, les nœuds lisses et durs, et cette marque noire qu'avait faite un jour le père en renversant la chandelle. Rien n'avait changé. C'étaient les mêmes écuelles ébréchées, la même cruche sur le coffre, à laquelle Peet avait bu tant de fois.

Il s'en approcha une fois encore et reconnut sur sa langue le goût d'argile de l'eau. Quand il se redressa, il vit que sa mère, immobile dans l'encadrement de la porte, l'observait.

— Vous voyez, mère, je retrouve la maison.

Elle hocha la tête mais ne répondit pas.

— Le couvercle du pot à soupe est fendu. Je parie que c'est Anja qui l'a fait.

— Peet, pourquoi es-tu revenu ?

— Est-ce que le père va rentrer bientôt ? J'ai un peu faim, mère. N'auriez-vous pas un morceau de pain à me donner ? J'ai fait une longue marche.

La mère souleva l'abattant du coffre près de la cheminée. Elle en tira une miche, ronde et grande comme une roue de charrette, dont elle coupa une tranche. Puis elle sortit une assiette qui contenait des morceaux de lard froid.

— Tiens, mange.

Sur une étagère, elle prit un cruchon de lait et en remplit un bol.

— Peet, mon petit, avant le retour du père, dis-moi si tu as fait quelque chose de mal.

Peet reposa le bol et se frotta la bouche du revers de la main.

— Mère, je vous jure que je n'ai rien fait de mal. Je...

Il n'acheva pas la phrase. La porte venait de s'ouvrir et une fillette entra en courant.

— Katrinka !

— Peet !

— Que je suis content de te voir !

Katrinka était âgée d'une douzaine d'années. Elle avait de bonnes joues plus rouges que des pommes, des yeux bleus, deux nattes blondes et une exubérance que supportait mal sa petite sœur, plus douce et plus timide. Elle sauta au cou de Peet, l'embrassa dix fois, vingt fois, et, sans plus de préambules, acheva le lait qui restait dans le bol.

— Nous avons retourné du foin depuis ce matin, le père et moi. J'ai une soif !

Peet s'aperçut soudain que son père était derrière lui. Il se leva lentement, les yeux fixés sur les sourcils froncés de l'homme, sur son regard interrogateur.

— Bonjour, père.

— Pourquoi es-tu ici ?

— Je n'ai rien fait de mal, je vous l'assure. Je viens parce que vous devez partir.

— Que racontes-tu là ?

— Oui, vous devez partir. Les Français ont pris Naarden, ils vont venir ici. Il faut partir, aller vers Utrecht. C'est Jan qui m'envoie !

— Qui est Jan ?

— Jan ! Un homme qui est arrivé à l'auberge et que les Français ont blessé. Il m'a chargé de donner l'alarme à Amsterdam. C'est d'Amsterdam que je viens. Tout le monde fuit. Vous n'avez pas vu les dragons français, vous, mais moi je les ai vus. Ils ont des têtes terribles !

La mère, sous le coup de l'émotion, se laissa tomber sur un banc.

— Cet enfant est devenu fou !

— Mais non, je ne suis pas fou ! Oh ! Père, écoutez-moi, vous qui savez que je suis raisonnable. Il faut que tous les gens d'ici partent le plus vite possible. Il faut qu'avant dimanche tout le monde soit dans le pays d'Utrecht.

Le père, peu à peu, s'était approché.

— Tu dis le pays d'Utrecht ? Mais si les Français ont pris Naarden, ils sont déjà à Utrecht.

Peet le regarda, affolé. Bien sûr que l'ennemi était déjà à Utrecht ! Mais comment faire pour les décider sans trahir le secret ? Comment répondre à une si juste question ?

— Oui, père, les Français sont déjà à Utrecht, mais pas dans les villages des alentours. Ne m'interrogez pas davantage, je vous en prie. Il faut partir demain !

Le père se tut un moment et parut réfléchir.

— Je te connais trop, Peet, pour ne pas savoir que tu es incapable de nous tromper. Il y a pourtant quelque chose que tu nous caches. Il me semble que tu en sais plus long que tu ne nous en dis. Est-ce vrai ?

Peet était profondément malheureux. Il aurait voulu révéler que les magistrats avaient commandé le sabotage des digues et que c'était à Muyden même qu'on les ouvrirait. Mais il savait aussi que l'ordre était secret, qu'on voulait ménager un effet de surprise sur l'armée ennemie, et que, par conséquent, il devait se taire même devant son père.

— Je vous en supplie, ne m'interrogez plus. Allez prévenir nos voisins !

L'homme, malgré lui, était ébranlé par les accents du garçon. Il gagna la porte, comme à regret.

— Ne pleurez pas, mère, nous ne possédons pas grand-chose, dit Peet. Nous emporterons votre beau jupon rouge que vous mettez les jours de fête, notre assiette de Delft que Katrinka a bien failli casser l'année dernière, et puis quoi encore ?... Ah oui ! Les sabots neufs que père a creusés pour toute la famille et qu'il a si joliment peints.

— Et mes fleurs, se plaignit Anja, qui les arrosera pendant que je ne serai pas là ?

Peet n'eut pas le courage de plaisanter. Il se contenta de sourire.

— Nous aurons d'autres fleurs, Anja, dit-il doucement. Nous allons au pays des bruyères.

— Mais ce ne sont pas mes fleurs !

La mère pleurait toujours, en silence, sans un mouvement, les yeux fixés sur rien, au-delà de la porte ouverte. Son intuition de mère lui faisait pressentir que ses enfants étaient en danger, que sa pauvre chaumine l'était aussi et que Peet ne mentait pas. Non, il n'avait pas fait quelque chose de mal, on ne l'avait pas renvoyé, il ne cherchait pas d'excuse. Mais pourquoi était-ce son petit à elle qu'on avait chargé d'une telle nouvelle ?

« Je n'aurais pas dû le laisser partir si loin, pensait-elle, qu'a-t-il fait, qu'a-t-il vu là-bas ? Et comme il a changé ! C'est presque un homme ! »

Dehors brillait un soleil radieux. Un frelon, lourd sans doute du pollen des fleurs d'Anja, bourdonnait dans l'encadrement de la porte et son bruit remplissait la salle. Les petites, mal à l'aise, se taisaient.

Le père revint, suivi de deux hommes.

— Je vous assure qu'il faut partir, c'est mon fils qui le dit. Il arrive de Naarden.

— Qui le lui a dit ? demanda un voisin, d'une voix encore calme.

— Qu'est-ce qui te fait croire que ton garçon dit la vérité ?

— Ils sont où, les Français ?

De toutes les chaumières, des gens accouraient ; la foule grossissait autour de la maison.

La salle était pleine de monde qui entourait Peet, qui le questionnait, qui le harcelait.

— Dis, petit, ils sont comment les dragons ?

— On en a vu quatre par ici !

— Faut-il partir vraiment ?

Peet se leva et recula jusqu'au mur. Il avait peur devant tous ces visages tendus vers lui, toutes ces bouches qui parlaient en même temps, tous ces yeux qui le scrutaient et dans lesquels la curiosité et l'effroi se mêlaient.

— Oui, il faut partir, s'écria-t-il. Dès ce soir, demain matin au plus tard, si vous ne voulez pas périr ! C'est cela que je suis venu vous dire, et il faut me croire !

Alors un vieillard se détacha du groupe. Il marchait péniblement en s'appuyant sur un bâton.

— Est-ce que ce sont vraiment les dragons français qu'il faut craindre ?

Peet essaya de reculer encore mais son dos était plaqué contre le mur.

— Que voulez-vous dire, grand-père ? bredouilla-t-il.

— Quand on demande à un Hollandais de quitter sa maison parce que l'ennemi approche, c'est à la mer qu'on pense tout de suite.

Ces mots coururent sur l'assistance comme un vent d'orage. La grande peur de l'eau, jamais tout à fait endormie au cœur de ces gens, se réveilla soudain.

— Les digues ! On va rompre les digues ! hurla une femme avant de cacher son visage dans ses mains.

— Ce n'est pas possible !

— Mon Dieu, sauvez-nous !

— Parle, Peet, s'écria le père en prenant son fils aux épaules. Parle, je t'en conjure, dis ce que tu sais !

Peet était secoué, environné de cris, de pleurs. Il voyait son père tendu vers lui et suppliant.

— Peet, tu entends ? Peet, est-ce vrai ?

Soudain, il perdit ce qui lui restait de contrôle sur lui-même.

— Oui, cria-t-il, oui ! Dimanche matin ! La digue va sauter !

Chapitre 8

Ce fut un affolement général. En une seconde, la salle, qui avait contenu tant de monde, se trouva vide et il n'y eut plus, autour de la table, que Peet et les siens rendus muets par la surprise.

Le père s'assit sur un banc. Il resta là, immobile, le front dans une main, le dos voûté, dans l'attitude de celui qu'un grand malheur vient de frapper.

La mère essuya ses pleurs et se mit à l'ouvrage. Tout de suite, sans perdre un instant, comme s'il se fût agi d'empaqueter trois charretées d'objets précieux.

— Katrinka, aide-moi !

Elle rangea dans trois paniers les vêtements de rechange, la grosse miche à peine entamée, un pot de beurre, quelques oignons.

Puis elle resta plantée au milieu de la chambre, n'ayant plus rien à faire puisque ses préparatifs de départ étaient terminés.

— Wilhelm, dit-elle tristement, notre pauvre chaumière !

Son mari releva la tête. Il y avait dans ses yeux la colère de l'homme qui ne peut rien contre les coups du sort et qui ne sait que bougonner :

— Eh bien quoi, la chaumière ? Qu'est-ce que j'y peux, moi ?

— Il faut sauver les enfants, Wilhelm ; la maison, c'est vrai, ce n'est rien après tout. La maison, c'est... c'est trois pierres et un peu de paille !

Et parce que, pour elle, la maison était bien plus que trois pierres et un peu de paille, elle laissa monter ses larmes.

Pendant un long moment, ils ne se dirent rien. Ils ne savaient pas les mots qui réconfortent, ils se parlaient si peu en dehors des paroles routinières de la vie courante. L'homme allait dans les prés ou à la pêche, la femme avait ses occupations ; le soir, ils étaient trop fatigués pour bavarder longtemps. Et puis, il fallait économiser la chandelle. Les petites regagnaient vite leurs couvertures dans la soupente, Peet étalait très tôt sa paillasse dans le réduit contigu où il dormait avec les quelques poules qu'on parvenait difficilement à nourrir. Une journée finissait qui ressemblait aux autres. Et aujourd'hui que le malheur arrivait, c'était encore entre eux le silence.

— Ne pleure pas, la mère, grogna maladroitement Wilhelm, nous allons essayer de sauver ce qui peut l'être.

— Mais qu'est-ce qui peut être sauvé de la mer ?

— Essayons, nous pouvons bien essayer ! Range la vaisselle dans le coffre et tout ce que l'eau ne peut pas abîmer.

Il alla prendre sa houe, puis, repoussant la table, il commença à creuser un grand trou devant la cheminée.

La mère avait compris. Le coffre fut vidé en un tour de main de tout ce qu'il contenait.

— C'est bête, non ? dit la femme en montrant une écuelle à bout de bras. Tout cela ne vaut pas cinq sous, mais je ne peux pas m'en séparer. Cette assiette, tiens, Anja a mangé dedans sa première soupe !

— Tu vois, Anja, quand tu seras grande, dit le père en se forçant à rire, notre village sera peut-être sorti des eaux. Eh bien ! tu sauras que ton écuelle est là. Mais j'espère venir la chercher moi-même avant !

Il fit une fosse profonde. La pièce, avec ce tas de terre qui montait, montait, prenait un air étrange et quelque peu inquiétant. Et toujours le père creusait, comme pour mettre un bouclier plus épais entre ses maigres trésors et l'eau qui allait les recouvrir.

La mère décrocha les rideaux de toile bise qui fermaient le lit.

— Aide-moi, dit-elle à Peet... Fais donc attention, tu ne les plies pas bien !

— Est-ce vraiment la peine, mère ?

— Ne sois pas insolent ! Oui, c'est vraiment la peine !

Quand le coffre fut plein, quand ils l'eurent solidement fermé d'une corde nouée, ils le descendirent dans la fosse. Au bruit de la terre sur le couvercle, la mère joignit instinctivement les mains puis, réalisant très vite que ce n'était pas un mort qu'ils enfouissaient, elle décroisa les doigts, eut un froncement de sourcils embarrassé.

— Eh bien ! Peet, et toi Katrinka, ne pouvez-vous pas aider votre père ? gronda-t-elle sans trop savoir pourquoi.

Tous se mirent à combler le trou avec des pelles, avec leurs mains. Après quoi, ils piétinèrent la terre remuée pour la durcir. Les petites se laissèrent prendre au jeu, leur rire fusa, elles se chamaillèrent pour savoir qui écraserait la dernière motte puis, confuses, elles s'écartèrent sans plus souffler mot.

Le père tira la grosse table sur la fosse comblée. Dans la pièce, la vie semblait déjà partie en même temps que les objets familiers.

Peet, maintenant que tout était prêt, aurait voulu se mêler à l'agitation des maisons voisines dont la rumeur arrivait jusqu'à lui. Ce n'était qu'un va-et-vient incessant. Les gens s'affairaient. Poussé par la peur, on ramenait les vaches des pâturages et elles erraient ensuite autour des chaumières en beuglant de surprise et d'ennui.

Mais il n'osait sortir. Il lui semblait qu'on allait de nouveau le presser de questions, le malmener, le brutaliser peut-être. Il se sentait responsable de ce grand bouleversement et, pas une seconde, il ne fut fier du rôle important qu'on lui avait assigné. Aussi resta-t-il assis dans un coin d'ombre, les genoux sous le menton, le regard rivé au sol. Son père vit son isolement.

— Ça va, Peet ?

— Ça va, père.

— Tu étais bien chez maître Boerhave ?

— Oui.

— Le travail n'était pas trop dur ? demanda encore le père pour rompre le silence.

— Ça dépendait des jours.

— Et les maîtres ?

— Bons.

— Même la maîtresse ?

— Oui.

— Qu'est-ce que tu as ? Tu n'as pas l'air content.

Peet se retourna. Son visage s'était durci, sa voix se fit agressive.

— Vous êtes content, vous, père, quand nous abandonnons notre maison, quand demain nous n'aurons que des bruyères pour dormir, et pour nourriture je ne sais quoi ?

— Non, bien sûr, mais la vie m'a été trop difficile pour que je me mette encore en colère. Nous sommes tous réunis, c'est bien l'essentiel. Imagine le souci que nous aurions eu, ta mère et moi, si tu n'étais pas revenu, si nous avions dû quitter Muyden sans savoir où te retrouver. Le reste n'est pas tellement grave. On peut toujours noyer la maison du pauvre, il la reconstruira ailleurs. Il lui faut si peu de choses !

— Oui, répondit Peet, qui se sentit soudain très proche de son père, nous bâtirons une autre maison.

Tous deux affectèrent de rire, et Wilhelm, d'une main vigoureuse, frictionna la tignasse rousse de son fils.

— Le roi de France va se mouiller les pieds et c'est tant mieux ! s'écria-t-il. Il croyait peut-être que les Hollandais allaient se laisser faire !

— Ils vont drôlement barboter !

— La nuit arrive, les poules doivent s'être déjà perchées. Il vaut mieux les attraper maintenant et les mettre dans la cage. Demain matin, ce serait trop tard.

Il se leva et sortit. Quand il crut que son fils ne le voyait plus à travers l'étroite fenêtre, il ne chercha pas à cacher davantage le chagrin qu'il avait de quitter sa maison. Il fit le tour de la chaumière, s'arrêta pour contempler longuement les murs de pisé, le petit jardin d'Anja, l'appentis dans lequel, faute de quelques florins, il n'avait jamais pu loger une vache. Puis il arracha une poignée de chaume du toit.

Sa femme le surprit à ce moment-là, il la regarda avec une sorte de gêne. Elle avait eu un mouvement d'hésitation, il lui ouvrit les bras.

— Wilhelm !

— Non, ce n'est rien ! C'est passé !

⁂

L'aube blanchissait à peine le ciel quand le premier chariot s'ébranla. L'exode des habitants de Muyden commençait. Ceux qui avaient le plus de biens à sauver partirent les premiers. Il n'y eut pas de signal, simplement une famille qui ferma sa porte et qui s'éloigna sur le chemin, suivie d'une autre, puis d'une autre encore.

Les vaches mugissaient sourdement, harcelées par les chiens que ce remue-ménage énervait. Les enfants ensommeillés geignaient, juchés au sommet des chariots ou accrochés aux jupes des femmes qui s'interpellaient à mi-voix. Il y eut très peu de cris, de pleurs et de déchirement. Une fois de plus, les Hollandais abandonnaient leurs terres à la mer, mais ils gardaient la certitude de les reconquérir un jour.

Wilhelm alla réveiller les petites dans la soupente, puis Peet qui dormait comme si aucun souci n'avait traversé son existence.

— Debout. C'est l'heure !

Le garçon, assis sur sa paillasse, vit, à côté de lui, les poules dans leur cage en branches de saule. La mémoire lui revint d'un coup.

— Oui, père, j'arrive !

La table portait le dernier repas : une miche et un fromage sur un lit de feuilles de rhubarbe qui remplaçait les écuelles enterrées.

— Je n'ai pas faim, pleurnicha Anja.

— Il faut manger, protesta sa mère tout en coupant de larges tranches de pain, nous avons une longue route à faire, il faut prendre des forces.

— As-tu l'intention de te faire porter comme le bébé de la voisine ? demanda le père.

— Oh non, je marcherai !

— Eh bien alors, tu dois manger. Regarde

Katrinka et Peet, ils ont déjà achevé leur premier morceau de fromage.

— C'est drôle, poursuivit Anja, d'habitude on a un gros morceau de pain et un petit morceau de fromage, et aujourd'hui...

— Tais-toi ! fit Peet, qui ne put retenir un mouvement de mauvaise humeur.

La petite se mit à pleurer, d'abord silencieusement, puis de plus en plus fort, avec des hoquets qui la secouaient tout entière.

— Voilà qu'elle pleure, maintenant, s'emporta Peet. Comme si on n'avait pas déjà assez d'ennuis !

— Allons ! Allons ! intervint la mère, ne vous énervez pas. Peet, ta sœur est petite, tu vois bien que tous ces événements l'ont retournée.

Katrinka, pendant ce temps, s'était approchée de la fenêtre. Elle pouvait voir de là les autres maisons et le chemin sur lequel passait un défilé ininterrompu.

— Père, s'écria-t-elle, nos voisins partent déjà. Allons-nous partir aussi ?

Wilhelm se leva.

— Oui, dit-il, nous partons aussi. Nous partons.

La mère glissa dans son panier le reste de la miche. Peet, qui n'avait pas faim, ramassa les miettes ; le père referma doucement la porte et ils furent sur la route.

Ils se mêlèrent à la foule qui marchait, tête

basse, le dos voûté par le poids d'un sac, d'une hotte que, peut-être, à la limite des forces, on abandonnerait au bord du chemin. Des enfants, surexcités par tout ce mouvement, couraient d'un groupe à l'autre, sautaient les fossés, poursuivaient les chiens.
— Ne vous fatiguez pas ainsi, criaient les mères, nous ne sommes pas arrivés !

D'autres pleuraient, en traînant les pieds. Anja marchait silencieusement à côté de son père. Elle regardait droit devant elle et ne voyait rien. Le ciel se faisait bleu et clair, sans un nuage, mais Anja ne le remarquait pas. Les oiseaux chantaient dans les arbres, mais elle ne les entendait pas. Elle pensait à ses fleurs, toutes seules maintenant près de la maison vide, et, quand elle imaginait l'eau défaisant le petit jardin, elle préférait fermer les yeux.

Katrinka allait à côté de Peet, bavardant beaucoup, posant mille questions dont elle n'attendait pas de réponse.
— Finalement, ça ne me déplaît pas de m'en aller, dit-elle, nous verrons du pays !
— Crois-tu qu'il existe un pays plus beau que le nôtre ? répondit Peet.
— Tu dis ça parce que tu es parti de la maison.
— J'aurais préféré y rester.
— Elle n'était pas très jolie, notre maison.
— Elle était notre maison.

— Père et toi en bâtirez une toute neuve, avec de la paille bien fraîche sur le toit.
— Pour avoir de la paille bien fraîche, il faut des moissons.

Katrinka eut un mouvement d'insouciance, un bras levé, gracieux comme un papillon.
— Tu as toujours des idées sombres ! Regarde mère, elle ne pleure pas, elle n'est même pas triste !
— C'est que tu ne te rends pas compte, Katrinka. Mère ne pleure pas, mais elle est triste, et père aussi a beaucoup de peine. Mais, au fond, c'est peut-être toi qui as raison.

Le soleil montait, la chaleur commençait à se faire sentir cruellement. La foule des réfugiés grossissait sans cesse. Des bruits circulaient, amplifiés jusqu'à devenir d'alarmantes nouvelles. Un homme vint marcher à côté de Wilhelm.
— On dit que Louis XIV va livrer au pillage toutes les villes conquises. Il veut détruire la Hollande.
— Elle sera détruite, répondit Wilhelm, mais sûrement pas par Louis XIV.
— On dit aussi qu'il veut nous faire catholiques.
— Le pourra-t-il ?
— Non, il ne le pourra pas. On ne change pas ainsi le cœur des gens.

Peet retrouvait les lieux de son aventure de

l'avant-veille. Il reconnaissait un arbre, un tournant de chemin qu'il avait regardés pendant que des pensées trop difficiles pour ses quinze ans se bousculaient dans son esprit. Maintenant, en revoyant ce paysage qu'il n'oublierait jamais, les mêmes pensées lui revenaient.

« C'est fait, à présent, pensait-il. Tout est en route, tout est commencé. »

Quand ils approchèrent de Naarden, ils contournèrent la ville. Soudain, un cri parcourut la foule.

— Les Français ! Ils arrivent !

Les femmes, aussitôt, appelèrent leurs enfants ; les hommes se rassemblèrent sans trop savoir ce qu'ils devaient faire ; seules les bêtes continuèrent à errer. Mais le long défilé n'arrêta pas sa marche.

— Les voilà !

Ils arrivèrent à travers prés, au galop de leurs chevaux, et vinrent se ranger le long du fossé avec un évident désir d'intimidation. Ils étaient beaux, les dragons du roi de France, de cette beauté cruelle des gens de guerre, et ils étaient d'autant plus fiers qu'ils s'adressaient à des malheureux qui avaient tout perdu et s'en allaient par les chemins.

— Halte ! cria l'un d'eux en se plaçant au travers de la route.

Le convoi s'arrêta, il y eut un grand silence,

troublé seulement par quelques beuglements sourds. Un moulin, près de là, tournait sous la brise de juin et c'était le seul mouvement dans cette campagne menacée de mort.

— Où allez-vous ? demanda le dragon en mauvais hollandais.

Personne ne répondit. Tous baissèrent la tête, ceux qui étaient près des cavaliers firent signe qu'ils ne comprenaient pas.

Peet saisit la manche de son père.

— Je vous en prie, dites-leur quelque chose. Il ne faut pas qu'ils sachent ce qui se prépare.

— Que leur dire ?

— Il faut trouver n'importe quoi ou bien toute notre peine sera perdue. Jan m'a répété qu'on devait les surprendre. Père, je vais avec vous. Avançons !

Ils se frayèrent un passage à travers la foule jusqu'au dragon arrêté au milieu du chemin. On s'écartait d'eux en silence, avec des regards inquiets, des airs interrogateurs et peut-être avec, au cœur, le soulagement de laisser à d'autres le soin de la décision à prendre. Wilhelm et son fils avançaient la main dans la main. Ils ne s'arrêtèrent qu'à la tête du convoi.

— Qui es-tu ? demanda le dragon.

— Un paysan de Muyden. C'est dire combien mon nom a peu d'importance.

— Tu fais le fier ?

— En ai-je l'air ?

— Où allez-vous ?

Wilhelm regarda, par-dessus la croupe du cheval, la ligne parfaitement circulaire de l'horizon.

— Vers Utrecht, dit-il.

— Et pourquoi ?

— On dit que cent vaisseaux anglais approchent de nos côtes.

— Utrecht est déjà au roi de France.

— Aussi n'est-ce pas à Utrecht que nous allons. Nous n'avons besoin que d'un coin de lande pour nous y réfugier.

Peet serra très fort la main de son père. Il admirait le calme avec lequel celui-ci répondait. Rien, dans la voix, ne trahissait la moindre inquiétude.

Lentement, le défilé se remit en marche, comme si une énergie obscure le poussait. Le soldat, débordé, dut laisser le passage. Il voulut crier un ordre, une insulte peut-être, à ces fuyards qu'il méprisait, mais son cheval se trouva environné de vaches et de veaux. Le beau cavalier perdit contenance. Il enfonça ses étriers dans le ventre de la bête et se dégagea à grand-peine.

— Père, s'écria Peet, vous avez été magnifique ! Magnifique ! Jamais je n'aurais trouvé tout de suite une explication comme la vôtre. Nous sommes sauvés maintenant !

— Que Dieu t'entende !

Quand ils voulurent rejoindre la mère et les petites filles, ils ne les retrouvèrent pas. Elles ne marchaient plus derrière le chariot où ils les avaient laissées.

Alors, soudain, ils eurent peur. Immobiles sur le bord de la route, ils virent défiler des hommes au visage morne, des femmes qui pleuraient, des enfants fatigués avançant avec peine, et jamais celles qu'ils attendaient.

— Rebroussons chemin, dit le père avec brusquerie, elles sont restées en arrière.

Il partit d'un pas pressé malgré le sac qu'il portait sur le dos. Peet, qui n'avait pas abandonné la cage aux deux poules, avait du mal à le suivre. On le bousculait, il heurtait les gens dans sa remontée à contre-courant. La peur, l'énervement s'emparaient de lui avec une envie de crier, de pleurer, de faire n'importe quoi, pourvu que finît ce mauvais rêve.

— Anja ! hurlait-il. Katrinka !

Il se mit à courir, au milieu des injures, et, toujours, il interrogeait :

— Avez-vous vu une femme avec deux petites filles ?

— Ce n'est pas ce qui manque ! lui répondait-on.

Ou bien il n'attendait même pas la réponse. D'un saut, il esquivait une roue de chariot, bousculait une vieille qui poussait un gémissement, et criait toujours :

— Mère ! Katrinka ! Anja !

Vingt fois, il crut les voir. Vingt fois, il reconnut une silhouette familière. Mais ce n'étaient pas elles. Le père avait disparu, lui aussi, maintenant, et Peet était tout seul.

Un découragement immense succéda à l'énervement. A quoi bon continuer la route, et pour aller où ? Serrant toujours très fort la cage qui se faisait de plus en plus lourde, il marcha le long de la colonne jusqu'à ce que les rangs se fussent éclaircis. Il ne restait que quelques traînards, des vieillards obstinés, courbés sur des bâtons, des infirmes qui s'effondraient et regardaient s'éloigner la foule avec des yeux désespérés.

— Avez-vous vu une femme et deux petites filles ? Anja porte un jupon rouge.

Ils étaient trop fatigués pour répondre, ces pauvres exténués. Ils n'avaient rien vu. Ils ne voyaient plus rien.

La route était vide, à présent. Peet croisa un chien qui boitillait, un veau égaré que personne ne songeait à rechercher. Il marcha pendant un long moment, les yeux fixés sur le chemin désert. C'était étrange, ce silence, après l'agitation de tout à l'heure.

« Je pourrais me coucher là, songea-t-il, m'endormir et ne me réveiller jamais. »

Mais il marchait toujours. Il retournerait à Muyden si c'était nécessaire.

Au tournant du chemin, il crut distinguer un petit groupe de gens arrêtés, les uns assis, d'autres debout. Et, peut-être... Oui, un point rouge posé sur l'herbe, un minuscule point rouge qui pouvait bien être le jupon d'Anja.

Il se mit à courir, la cage ballottant sur sa hanche qu'elle meurtrissait un peu plus chaque fois. Les poules n'apprécièrent pas cette agitation et elles se mirent à pousser des gloussements effarés de pauvres bêtes stupides qui ne comprennent rien.

Puis il s'arrêta pour mieux voir.

— Mère ! cria-t-il, père !

Il courait, il appelait. La distance qui les séparait lui parut immense. C'étaient eux ! C'étaient eux ! Ils les avait retrouvés !

Il arriva, hors d'haleine, et se laissa tomber sur l'herbe près de la mère qui frottait doucement les pieds d'Anja endoloris par la marche.

— Mère, dit-il, j'ai cru que je ne vous reverrais jamais. Père et moi, nous vous avons perdues quand les soldats nous ont arrêtés...

— Je sais, fit tendrement la mère, calme-toi, mon petit. C'est seulement parce que Katrinka et Anja étaient fatiguées. Nous nous sommes assises quand le convoi s'est arrêté, nous n'aurions pas dû le faire. Les petites n'ont pas pu repartir.

— Ô, mère, j'ai eu si peur !

— Donne-moi ta cage, dit le père, tu es fatigué

aussi. Ces poules sont trop lourdes pour toi. Je me demande si nous ne devrions pas les lâcher. Que ferons-nous de deux poules ?

Peet saisit la cage et la tint serrée contre lui.

— Non, père, je peux la porter encore ! Ce sont nos poules, vous comprenez, elles nous seront utiles là-bas. Je suis sûr qu'elles pondront. Il faut les garder !

— Garde-les donc, répondit Wilhelm, même si nous n'avons rien pour les nourrir. Il faudrait repartir maintenant. Jamais nous ne rejoindrons le convoi.

Les fillettes pleuraient en reniflant très fort. Elles se plaignaient de ne plus pouvoir faire un pas. Leurs pieds, écorchés par les pierres et les ornières, leur faisaient très mal.

— Allons, petites, nous irons lentement. Venez.

La famille se remit en marche, sans parler. Le présent l'accablait, l'avenir se faisait inquiétant. Katrinka avait perdu sa belle insouciance, elle tenait sa sœur par la main et, doucement, très doucement, parce qu'elle ne pouvait supporter ce silence, elle murmura :

— Du courage, Anja, il faut marcher encore. Mais, quand nous serons arrivés dans le pays haut, nous n'aurons plus peur de la mer.

Chapitre 9

Aux portes d'Hilversum, le convoi avait considérablement grossi. Les réfugiés de Naarden, qui s'étaient arrêtés une heure pour se reposer un peu, y avaient été rejoints par d'autres groupes venus d'Amsterdam, de Muyden, et de tous les villages côtiers. Car la nouvelle s'était propagée avec une rapidité étonnante.

Peet et les siens retrouvèrent la foule, ses cris, ses couleurs mêlées, ses mouvements. Il y avait des gens couchés sur le dos, les jambes écartées, les mains croisées sur le ventre, la nuque posée sur un panier ou sur une besace aux flancs rebondis. Il y avait des gens affamés qui dévoraient de grandes miches de pain, assis en rond sur l'herbe et bavardant comme au plus beau d'une kermesse flamande. Il y avait des isolés qui déambulaient en traînant les pieds dans la poussière, avec cet air de tristesse qu'on ne voit qu'à ceux qui sont seuls.

Il y avait, à l'ombre d'un chêne, deux chariots et un gros homme gesticulant. Katrinka, un peu remise de sa fatigue et toujours rongée de curiosité, s'approcha, attirée par les éclats de voix.

— Il faut partir ! hurlait le bonhomme. J'ai tout perdu, moi, tu comprends ! Il ne me reste que ça maintenant, et je ne veux pas le perdre aussi !

Il montrait de la main les deux chariots où étaient entassés des coffres, des paillasses, des sacs au contenu mystérieux.

— Tu entends, il faut partir ! Les chevaux sont reposés !

— J'en ai assez de marcher, fit un long individu qui avait une étrange façon de rire. On peut bien attendre les autres, non ?

Le gros homme s'empourpra encore davantage.

— C'est bien à toi de dire des choses pareilles, espèce de fainéant. Voilà deux ans que je te paie à ne rien faire, et tu ne veux même pas lever le petit doigt quand j'ai perdu tout ce que je possédais !

L'autre eut un rire méchant et tout à fait niais.
— Hé ! j'ai rien perdu, moi. Alors, qu'est-ce que ça peut me faire ?
Le maître, au bord de la congestion, brandit son fouet et tenta d'en cingler son domestique qui, d'un déhanchement nonchalant, se coula de l'autre côté du chariot. La lanière de cuir vint s'enrouler autour d'un rayon de la roue, cependant que le gros homme, tout surpris de son accès de violence, bougonnait :
— Ce diable-là, voilà à quoi il me pousse avec sa paresse !
Il fit quelques pas, tout penaud, et allait s'en retourner quand il s'entendit appeler :
— Maître Cornélius ! Maître Cornélius !
Peet accourait, une fois encore à la recherche de sa jeune sœur.
— Ah ! te voilà !
— Bonjour, maître Cornélius. Vous êtes seul ? La maîtresse n'est pas avec vous ?
L'aubergiste prit l'air détaché de celui qui sait commander à son monde et garde pour lui la direction des opérations.
— Si, si, dit-il, la main gauche étalée sur sa panse énorme, je l'ai envoyée chercher de l'eau avec les voisines.
— Les voisines ? Vous voulez dire Marijke ?
— Oui, la petite et sa mère, et la marmaille aussi.

— Marijke est ici ! répéta Peet avec une joie soudaine.

Il la chercha des yeux, il l'appela de tout son cœur. La guerre, tout à coup, lui dispensait, sans crier gare, le plus grand des bienfaits : il allait vivre au pays des bruyères avec toute sa famille et la petite chercheuse d'œufs de vanneau qui savait si bien rire ou être grave quand il le fallait.

— Où est la fontaine ? demanda-t-il, incapable de contenir son impatience.

Mais il n'entendit pas la réponse car une nouvelle idée venait de traverser son esprit.

— Maître Boerhave, murmura-t-il en s'approchant, et... le blessé ?

Cornélius sentit la colère lui revenir d'un coup.

— Ah ! Celui-là, parlons-en ! Disparu, le joli monsieur ! Disparu ! Et comment il a disparu ? Je te le demande !

— Eh ! Je ne sais pas, moi...

— Eh bien, je vais te le dire. Sur mon plus beau cheval ! Voilà comment il a disparu ! Un cheval de selle qui rendait le bourgmestre malade d'envie !

— Quand est-il parti ?

— Ce matin ! Qui l'aurait cru ? Il n'était pas guéri, il avait encore mal dans l'épaule...

— Où est-il allé, maître Cornélius ?

— Il peut bien être allé au diable, s'il le veut !

C'est lui qui nous a dit de partir, de tout laisser. Et ce matin, au moment d'atteler...
— Et Ratche ?
L'aubergiste eut un haussement d'épaules.
— Ce n'est pas Ratche qu'il a enfourché, ton mauvais drôle ! Cette vieille rosse, qui ne servait plus à rien, est restée, rassure-toi.
— Où est-il ?
— Quelque part dans le convoi. On le retrouvera toujours !
Cornélius s'approcha de Peet et, baissant le ton :
— En vérité, dit-il, je l'ai prêté au vieux Jacob qui avait du mal à porter son sac. Mais ne le dis pas à Agatha, tu la connais, elle nous casserait sûrement les oreilles.
— C'est juré, promit le garçon en riant.
— Tout de même, cria l'aubergiste aussitôt repris par sa colère, ton Jan-je-ne-sais-pas-quoi, c'est un drôle de coquin !

Les femmes revenaient, il préféra se taire. Marijke, qui avait aperçu Peet, courait déjà à lui et, tout heureuse de le retrouver, posait un gros baiser bien sonore sur sa joue.
— Bonjour, Marijke, fit Peet en rougissant.
— Bonjour, Peet ! Tu ne nous quittes plus, cette fois ?
Agatha n'avait pas encore remarqué son jeune valet, mais lui, il l'avait vue. D'un seul

coup d'œil, il avait reconnu le regard sans douceur, les gestes impératifs et cette façon de marcher à grands pas avec un large balancement de jupe.

— Viens, chuchota Peet à Marijke, viens, nous pourrons bavarder.

Il l'entraîna derrière les chariots, à l'abri des regards de son intraitable maîtresse.

— Tu comprends, dit-il, elle va sûrement crier. Je suis parti sans rien lui dire. Elle a dû être furieuse.

— Ah ! la, la ! Tu ne peux pas imaginer. Elle était furieuse contre tout et contre tout le monde.

— Comment avez-vous fait pour vous en aller ?

— C'était affreux d'être obligés de partir si vite. Nous n'avons pu emporter que deux ou trois objets parmi les plus nécessaires. Mère pleurait en laissant sa maison et moi je pleurais aussi. Maître Boerhave nous a proposé un petit coin dans une de ses charrettes, mais sa femme a tout de suite protesté. Elle ne voulait rien abandonner dans l'auberge, elle aurait emporté les murs et le toit si elle avait pu. Figure-toi qu'elle est allée arracher toutes les salades de son jardin ; elles pourrissent là, dans une corbeille, et les chevaux eux-mêmes n'en voudront pas.

— Ça ne m'étonne pas !

— Enfin, ne disons pas trop de mal d'elle, elle

a fini par faire un peu de place dans un chariot pour mon petit frère.

La dentellière, accroupie, croisa plus serrés les bras sur sa poitrine comme pour mieux se pelotonner.

— Alors mère a tout laissé. Elle a seulement mis le petit dans le coin de chariot et nous avons marché derrière, avec père qui portait un sac.

— Mais, notre herbier, tu l'as emporté tout de même ?

Marijke ouvrit de grands yeux étonnés.

— L'herbier ! Dis ! s'écria Peet, saisi d'inquiétude. Marijke, notre herbier !

— Mais..., balbutia la jeune fille, toute craintive devant cette fureur subite.

— Marijke, cria-t-il comme un fou, tu l'as laissé ?

Il la tenait par les poignets, il la secouait, il lui faisait mal.

— Peet, Peet, dit-elle enfin, ne crie pas si fort ! Je ne savais pas que tu ne l'avais pas emporté. Je ne savais rien.

— Jan ne te l'a pas remis ?

— Non.

— Et tu n'as pas pensé à aller le chercher avant de t'en aller ?

— Non, je n'y ai pas pensé. D'ailleurs, je n'aurais sans doute pas pu le prendre, dit-elle pour essayer de l'apaiser. Nous avons laissé tant de choses qui étaient très importantes !

Le garçon lui lança un regard chargé de toute la colère dont il était capable. Serrant les dents pour ne pas la frapper, il la jeta à terre et elle alla rouler dans les sabots des chevaux.

Au cri qu'elle poussa, ils accoururent tous. Agatha d'abord, le poing sur la hanche et toujours prête à faire front, puis la mère de Marijke qui n'eut pas le temps de voir sa fille sous l'attelage, le père occupé à bavarder avec Cornélius Boerhave, Katrinka enfin qui, sentant son frère en difficulté, courut avertir ses parents.

— Marijke, cria sa mère, qu'y a-t-il ?

Elle s'était déjà relevée. D'une main rapide, elle tapotait son jupon pour en effacer les plis et détacher les brindilles d'herbe sèche.

— Ce n'est rien, mère, je me suis tordu la cheville et j'ai glissé tout près des chevaux. J'ai eu un peu peur, c'est tout.

— Pourtant il m'a semblé que vous vous disputiez !

De sa voix autoritaire, Agatha imposa silence à tous.

— Ah ! te voilà, toi ! Viens ici que nous nous expliquions !

Devant ce visage aux traits durs, duquel toute bonté semblait à jamais retirée, la colère de l'adolescent redoubla. Ce fut comme une montée d'exaspération, un jaillissement qu'il ne put contenir.

— Vous, taisez-vous ! cria-t-il. J'en ai assez de vos méchancetés !

Agatha vacilla sous le choc. On ne l'avait pas habituée à de telles façons de réagir. Son époux disait oui avant qu'elle eût parlé ; Nicholas, malgré sa nonchalante bêtise, filait doux, à condition qu'on le houspillât un peu ; les servantes pleuraient dans le coin de leur tablier et se contentaient de médire d'elle dans son dos. Et voilà que maintenant ce rouquin de quinze ans !...

Un sursaut d'amour-propre froissé vint lui rendre toute sa vigueur.

— Tu étais de mèche avec lui, hein ? Avoue ! Tu le savais qu'il allait nous voler un cheval !

Elle se tenait droite, bien droite pour se rendre plus intimidante encore. Peet, le regard cloué dans les yeux de celle qui, à la minute même, après tant de jours de contrainte, devenait son ennemie déclarée, le doux Peet qui faisait sécher des violettes eut un rire méchant.

— Oui, fit-il d'un ton sifflant, et je retourne à Naarden !

De nouveau, l'aubergiste accusa le coup. Même, elle eut un geste qu'il lui voyait pour la première fois : elle porta le poing à son cœur et froissa son corsage à pleins doigts.

Peet resta interdit devant une victoire aussi complète. Il aurait dû partir tout de suite, sans s'expliquer davantage. Il aurait dû courir, sans s'arrêter, jusqu'au coffre près du bat-flanc de Ratche, puisque le temps était compté et qu'il fallait sauver l'herbier. Alors, pourquoi restait-il là, entouré de tous ces visages qui le regardaient avec des sentiments divers ?

— Tu vas à Naarden, fit Agatha d'une voix presque basse. Et que vas-tu faire à Naarden ?

— Chercher mon herbier.

— Ce n'est pas vrai !

Elle avait crié. Le cri semblait sa façon naturelle de parler, de commander sans admettre de réponse.

— Si, c'est vrai.

— Qu'est-ce que c'est que cette histoire d'herbier ? Un herbier, toi qui ne sais pas lire ?

Ce fut au tour de Peet de se sentir touché. Pourquoi, petit paysan, avait-il donc cette soif d'apprendre ? Et pourquoi souffrait-il tant de s'entendre traiter d'illettré ? Est-ce que tous les garçons de son village n'étaient pas des illettrés comme lui ?

— Oui, mon herbier, lança-t-il en bredouillant un peu tant il était en colère.

Cette fois, il partait ; il avait tourné les talons. D'un mouvement prompt, elle le saisit par le bras et le retint.

— Tu mens, misérable. Ce ne sont pas trois brins d'herbe séchée que tu vas chercher !
— C'est quoi alors ?
— Tu le sais bien ! Toi et moi, nous le savons bien !
— Je ne sais rien du tout !
— Menteur ! Tu me guettais, hein ? Avoue ! Tu me surveillais depuis longtemps. Eh bien, tu ne l'auras pas, je l'ai changé de place !
— Vous avez bien fait !
— Tu vois que tu avoues ! Tu ne l'auras pas, il n'est plus où tu m'as vu l'enterrer, je l'ai caché ailleurs !

Peet se souvint tout à coup de cette nuit au cours de laquelle il avait surpris sa maîtresse dans le jardin. C'était donc important ce qu'elle y enterrait ! Mais, pour le garçon, il n'y avait rien de plus important que son herbier et il se moquait bien des secrets d'Agatha. Très calmement, maître de la situation, il dit en détachant les mots :
— Je retourne à Naarden.
Agatha le retint encore par la manche.
— Ah ! gémit-elle, vous étiez de mèche ! Gredin ! Il nous a poussés à fuir, sans nous dire qu'on allait rompre les digues, ton blessé de malheur ! Il nous a menti, il nous a dit que les Français arrivaient, et moi, je suis partie les mains vides, parce que je croyais que c'était

plus en sécurité ainsi. Eh bien ! tu ne trouveras rien, voleur ! Je n'ai pas osé revenir en arrière, mais j'y vais à présent ! J'y serai avant toi !

D'un geste brusque, elle écarta les gens qui avaient fait cercle autour d'eux et, se retournant une dernière fois, elle cria :

— Avant toi ! Voleur ! Je n'ai plus peur de l'eau, maintenant, c'est toi qu'elle emportera !

Elle se mit à courir, sans réfléchir à la folie de son entreprise. Dix fois déjà au cours de l'exode elle avait résisté à la tentation de rebrousser chemin. Au bout du pré, elle dut se mettre à marcher. Elle paraissait soudain très vieille.

— Agatha ! cria son mari en se précipitant à sa poursuite. Agatha ! Reste ici ! Au nom de Dieu, tu es insensée !

Il s'essoufflait à la rejoindre. Nicholas, plus souriant que jamais, ouvrit ses longs bras qu'il referma sur sa maîtresse.

— Faut pas, dit-il très calmement.

Peet se retrouva face à sa mère que Katrinka était allée chercher à la hâte.

— Qu'y a-t-il ? s'écria la paysanne, prête à défendre son fils contre le danger, quel qu'il fût.

— Mère, je retourne à Naarden !

— Tu es fou !

Sans un mot de plus, elle le prit par la main et l'entraîna à l'écart des badauds.

— Écoutez-moi, mère... Il faut que j'aille chercher mon herbier !
— Ton herbier ? Qu'est-ce que c'est, ton herbier ?
— Ce sont des herbes que nous avons cueillies, Marijke et moi.
— Des herbes !
— Oui. Nous les avons fait sécher et nous les avons épinglées sur de belles feuilles de papier...
— Et c'est pour des herbes que tu veux aller te noyer ?
— Je ne me noierai pas.
— Tu n'iras pas !
— Si !
— Mais regarde donc, malheureux, le soir tombe déjà, et c'est demain matin que la digue doit être détruite !
— J'ai toute la nuit !
— Tais-toi !
— Ô, mère, ne criez pas. C'est presque un livre. Jan écrira dessus. Si vous saviez !
— Et si tu savais, toi, ce qui peut t'arriver !... Tu peux te blesser, t'attarder seulement, et être surpris par l'inondation. Et tout ça pour quelques brins d'herbe sur une feuille de papier.

Tout à coup, elle fondit en larmes. Elle pleura à grands sanglots qui la secouaient tout entière. Elle avait si peu l'habitude de ces crises d'autorité ! Peet sentit, lui aussi, monter à ses yeux des larmes qui lui piquaient les paupières, tant il faisait d'efforts pour ne pas les laisser couler. Si la mère ne pleurait pas, il partirait presque joyeux, il courrait sans une halte jusqu'à l'écurie de Cornélius et s'en retournerait vers le pays des bruyères où sa famille l'attendrait. Qu'y avait-il d'insensé dans tout cela ?

— Mère, fit-il très doucement, je veux apprendre à lire.

— Qui donc t'a donné des idées pareilles ? Tu n'es qu'un paysan, mon pauvre Peet, et il n'est pas bon qu'un paysan soit instruit.

Elle ne pleurait plus cependant. Au fond d'elle-même, elle était fière de ce fils qui avait des aspirations d'homme de la ville et qui voulait lire comme les gens savants.

— Je ne te comprends pas, mon petit. Quelle idée tu as là ? Nous t'avons pourtant élevé comme il fallait, ton père et moi ! Vous êtes terribles, les fils, quand vous grandissez ! Je sens quand même que je dois te laisser faire. Alors, va vite, pars, ne perds pas une minute.

Peet l'embrassa et la serra très fort contre lui.

— Mère, vous êtes bonne ! Je savais que vous me laisseriez partir, je le savais !

— Et fais bien attention au moins ! Tu as très peu de temps, tu le sais !

— Oui, je serai prudent, vous pouvez en être

sûre. Je ne m'attarderai pas en chemin. Demain je serai de retour. Où est père ?
— Non, pars tout de suite, je lui expliquerai tout. Tu sais comment il est, il crierait, il te dirait de rester, il ne voudrait pas comprendre.
— Vous, vous m'avez compris tout de suite, dit Peet en souriant malicieusement.
— C'est que je suis ta mère, voilà tout.
— Je pars, maman.

Vite, il lui donna un baiser et s'en alla en courant, sans se retourner.

Il n'avait pas très bonne conscience car il n'était pas sûr, tout à coup, que son herbier valût une inquiétude de mère.

Il dut se frayer un passage à travers les réfugiés qui, obéissant à un ordre propagé de bouche à oreille, s'apprêtaient à lever le camp. C'était partout l'affairement d'un nouveau départ. Peet, pressé par le temps, jouait des coudes pour, une deuxième fois, traverser l'exode à contre-courant.

Sur le bord de la route, un vieil homme et sa femme paraissaient se disputer. Peet eut l'impression que le monde, à l'heure présente, n'était qu'une vaste dispute, tant il avait entendu crier, tant il avait crié lui-même. Il s'arrêta quand il reconnut le vieux Jacob. Un mot, en effet, venait de frapper son oreille.
— Comment as-tu fait pour laisser partir ce

cheval ? piaulait la vieille femme à bout de patience et sans doute très fatiguée.

— Tu le sais bien, protestait son mari, je te l'ai déjà dit trois fois ! Il a eu peur !

Peet avait compris qu'il s'agissait de Ratche. Est-ce que son cheval aussi serait perdu ? Est-ce que tout ce qui était bon dans sa vie allait disparaître en ces jours de misère ?

— Vous avez des ennuis, maître Jacob ? demanda-t-il du ton le plus dégagé qu'il put trouver.

— Ah ! Gamin ! fit le pauvre homme, je suis bien en peine, et cette sorcière qui ne fait que crier !

C'étaient deux petits vieux qui avaient traversé cinquante ans de vie commune en se tenant par la main et qui, dans le grand bouleversement de cette journée, se querellaient pour la première fois.

— Sorcière ! Moi ? Oh !

Peet voulait savoir tout de suite si le vieux frison était vraiment perdu.

— Eh oui, il est perdu ! avoua l'homme avec un geste d'impatience. Nous marchions, je le tenais par la bride. Un cavalier nous a heurtés, le cheval de Cornélius a eu peur, il s'est cabré. La bricole a glissé entre mes doigts, voilà... Il est parti... Et cette femme qui m'impatiente avec ses reproches.

Peet n'avait pas besoin d'en savoir davantage. Un moment, il se demanda s'il devait se mettre à la recherche de l'herbier ou à celle du cheval.

« Ratche est un rusé, décida-t-il enfin, il aura fait un petit galop dans les prés mais il retournera dans le convoi. Je le connais ! »

Et, plantant là le vieux Jacob et sa femme, il se jeta de nouveau dans la foule.

Quand il fut seul, quand le dernier chariot eut disparu au tournant du chemin, Peet sentit la fatigue tomber sur ses épaules. Après tous les cris, tous les mouvements auxquels il venait de faire face, il était comme hésitant au milieu de ce grand silence. Ses pieds nus, écorchés par la longue marche, lui faisaient mal. Son estomac vide se contractait. Sa tête bourdonnait. Il avait plusieurs lieues à faire.

« Allons, pensa-t-il, du courage, mon vieux Peet ! Bientôt, le cauchemar sera fini ! »

Il marchait sans réfléchir, de peur de trop penser à sa lassitude. Soudain il poussa un cri de joie. Au bord de la route, abandonné, un panier, qui s'était fait trop pesant à un bras fatigué, éparpillait dans l'herbe ses trésors : un morceau de pain, trois pommes, quelques noix.

Peet se jeta sur lui car il était affamé. Comme elles craquaient sous la dent, les pommes rouges ! Elles calmaient tout à la fois la faim, la soif, et ce bourdonnement dans la tête qui vous mettait des nuages devant les yeux.

« Est-ce vraiment si peu raisonnable de vouloir apprendre à lire ? » se demanda Peet en attaquant le quignon de pain.

Chapitre 10

« JAN m'a trahi ! »

Maintenant que personne ne le bousculait plus, ne le harcelait plus, il se souvenait. Il revoyait le moment où, montrant l'herbier, il avait dit au blessé :

— Je le mets là ! Si je ne reviens pas avant le départ, donnez-le à Marijke.

Et Jan était parti, laissant l'herbier. Voilà comment sont les adultes ! Ils vous demandent de faire des tas de choses difficiles, il faut se comporter en grandes personnes, et eux, ils agissent comme ils veulent, sans même chercher à savoir si ce qu'on attend d'eux a de l'importance. Jan avait dû bien rire en entendant Peet lui recommander de prendre soin de l'album !

Le garçon était déçu, et pourtant, il ne voulait pas trop se l'avouer. Il avait besoin d'admirer Jan, de se dire qu'il existait entre eux une amitié indestructible, née en une heure comme naissent les amitiés de guerre.

« Non, Jan ne m'a pas trahi, ce n'est pas possible. Avant de partir, il a sûrement dit à Marijke d'emporter l'herbier. C'est elle qui n'a pas su se débrouiller. »

Tout à ses pensées, il ne remarqua pas que le soleil baissait sur les prairies et se cachait enfin. Ce fut la brise du soir qui, en lui apportant une agréable fraîcheur, lui rappela que la nuit approchait.

« J'ai largement le temps, pensa-t-il, Naarden n'est pas si loin ! »

Il préféra cependant couper à travers un bois. Il n'avait pas fait trois pas sous les arbres que, d'un buisson, deux hommes jaillirent. Peet sentit des mains s'abattre sur ses épaules. Il était prisonnier.

Il reconnut les vestes bleues et les houseaux de deux dragons français. Les ordres, les menaces, il ne les comprit pas, il sut seulement que jamais il ne parviendrait à Naarden.

Alors, il fit une tentative désespérée. D'un mouvement brusque, il essaya de se dégager. Les mains se firent plus pesantes sur ses épaules, les doigts resserrèrent leur étreinte, un gros rire brutal résonna.

— Lâchez-moi ! Lâchez-moi !

Il se débattait comme un beau diable, à coups de poing, à coups de pied. A quoi bon ? Les sabots étaient perdus depuis longtemps et deux pieds nus ne pouvaient pas grand-chose contre des jambes couvertes de cuir. Une gifle écrasante le fit vaciller, une autre le jeta à terre. Une poigne sans réplique le releva et le ficela. Une bourrade le poussa en avant ; il fut obligé de marcher.

Les deux hommes, derrière lui, parlaient français, et il ne comprenait pas un mot de leur conversation.

« Je vais mourir, se disait-il, je suis un prisonnier de guerre. Je suis tombé dans une embuscade, comme Jan. »

Il gardait pourtant une sorte de calme. L'angoisse rendait plus courte sa respiration et flageolantes ses jambes, mais il décida que, quoi qu'il arriverait, il se montrerait courageux.

Le petit groupe se retrouva, à la sortie du bois, sur les prairies où traînait encore un reste de clarté du jour. Un des soldats, d'une large claque sur l'épaule de Peet, indiqua au jeune prisonnier qu'il fallait aller vers la gauche. Pour ne pas perdre l'équilibre, Peet précipita ses pas. Sans avoir eu le temps d'en prendre la décision, il se mit à courir de toutes ses forces sur l'étendue plate des prés. Un juron retentit derrière lui ; les deux hommes se lancèrent à sa poursuite.

Peet courait, la tête en avant. Ah ! s'il avait eu les mains libres ! Il aurait volé au-dessus de l'herbe, il aurait sauté les rigoles, et tous les dragons de Monsieur le roi de France auraient pu s'essouffler à ses trousses ! Mais que faire quand on a les mains liées dans le dos et qu'on risque à tout moment de piquer du nez ?

Une motte de terre le fit trébucher ; il s'étala. Avant qu'il ait eu le temps de se relever, les deux soldats s'abattaient sur lui.

***

Le petit âne tendit les jarrets et, avec l'aide de la femme qui poussait à la roue, il réussit à sortir le chariot de l'ornière.

— Là, Grisot, ce sera plus facile maintenant ! dit la cantinière en flattant le cou de la bête. On va arriver. Tu auras de la paille, ce soir.

L'âne, débordant de bonne volonté et de fatigue, posa ses sabots l'un devant l'autre ; le chariot balança sa toile déchirée par les balles et les vents, et la cantinière pesa de tout son poids pour faire avancer l'attelage.

Un hameau se distinguait encore malgré le crépuscule. Dans les maisons abandonnées par la population, dans les granges où l'on avait commencé de rentrer le foin nouveau, devaient dormir des soldats qu'un pot de bière ou un verre d'eau-de-vie rendrait prodigues de leur maigre solde.

— Allez, Grisot, tu vois bien qu'on arrive !

La femme chercha dans sa vaste poitrine une corne qu'elle portait en bandoulière et se mit à souffler en rejetant d'un doigt une longue mèche de cheveux qui lui barrait le visage.

Grisot savait qu'en de telles circonstances il fallait s'arrêter. Il ne fit pas un pas de plus. De toutes les maisons sortaient des soldats attirés par la perspective d'une lampée d'alcool.

— Salut, la mère ! Sois la bienvenue !

— Ah ! Qui a des sous ? Qui a des sous ? Qui a des sous ? chanta la vivandière en faisant signe d'approcher.

— Dis donc, la mère, y fait pas clair dans ta taverne ! Tu peux pas allumer ton quinquet ?

— Et qui me paiera la chandelle ? Ma bière est bonne, on peut la boire sans la voir !

— Donne toujours, on te dira si c'est vrai !

— Paie d'abord.

Elle alluma une lanterne cependant car, si on pouvait servir la bière dans l'obscurité, il fallait voir de très près les sous qu'on recevait en échange. Dame, il y avait tant de gens au service du roi de France, et pas toujours du beau monde ! Debout sur sa carriole, la femme, tout en comptant ses pièces, faisait plus confiance à sa voix qu'à sa trompette.

— Ah ! La voilà ! La voilà, la cantinière Tambour ! criait-elle d'une voix qui défiait les canons. Bon vin ! Bonne bière ! Bon...

Elle s'arrêta au milieu de sa phrase. Sur le chemin, un groupe s'avançait : un enfant entre deux soldats.

— Ô ! la mère ! le marquis de Rochefort ne boit pas de ton vin !

Elle qui avait la réplique si prompte et qu'aucune attaque ne laissait au dépourvu, elle ne répondit pas.

Saisissant sa lanterne, elle descendit lourdement du chariot et se planta face aux arrivants.

Le jeune prisonnier s'immobilisa. Il regarda la grosse femme dans la lueur hésitante du fanal. Ses cheveux étaient roux, sa chemise déchirée, ses joues barbouillées de terreau. Ses mains, dans son dos, inlassablement, essayaient de relâcher les liens.

— Qu'est-ce que c'est que cet enfant ? demanda-t-elle en éclairant le visage de celui-ci.

— Un espion, pour sûr. On l'a trouvé dans le bois.

— Un espion de quinze ans !

— Ça s'est déjà vu !

— Qu'allez-vous en faire ?

Le soldat bomba le torse avec un air avantageux.

— Hé ! dit-il en tordant sa moustache, on va le conduire au sergent. Il sait remercier, le sergent, quand on lui apporte de belles prises.

La cantinière se fit menaçante. Le poing sur la hanche, le bras droit tendu pour éclairer la trogne du dragon, elle cria de sa voix de stentor en jupons :

— Tu as pas honte, l'ami ? Un gosse qu'on va battre, estropier peut-être, pour lui faire raconter tout ce qu'on voudra ? Il n'y a pas assez de malheur dans une guerre pour maltraiter encore les enfants ?

L'autre ne se laissa pas intimider.

— Dis donc, la vieille, toi et moi, on en vit de la guerre !

— C'est pas une raison pour l'aimer ! glapit la mère Tambour qui s'emportait de plus en plus.

Mais elle comprit que, de cette façon, elle n'aurait pas gain de cause. Les soldats, qui s'amusaient beaucoup de la scène, riaient en se tapant sur les cuisses. Le gamin fixait le sol avec obstination ; il paraissait presque indifférent. Pourquoi, brusquement, avait-elle envie de le sauver ? Elle en avait tant vu des jeunes garçons tués à la guerre ! Un de plus, un de moins !

« Eh bien, non ! pensa-t-elle, non, je ne m'y habituerai jamais ! »

Elle essaya alors une nouvelle tactique. Se rapprochant encore du soldat, elle lui envoya dans l'épaule un coup de poing amical qui le fit reculer d'un pas.

— Faut pas se mettre en colère, mon bonhomme ! Sais-tu comment on m'appelle ? La cantinière Tambour, parce que je sais crier. Mais je sais aussi régaler les amis. Donne-moi ton prisonnier, je te donne un cruchon de bière ! Et puis c'est de la bonne ! Je me sers toujours en Allemagne !

Les rires redoublèrent. Les plaisanteries fusèrent.

— On sait où tu te sers, brigande, et tu as raison !

Une gifle bien appliquée fit taire l'insolent.

— Et quand même que je me servirais chez les Hollandais, s'écria Tambour, c'est pas une raison pour me manquer de respect !

Elle s'esclaffa car elle n'était pas rancunière, et mit ainsi tous les rieurs de son côté.

— Alors, dit-elle en revenant à la charge, tu le veux, ce cruchon ?

Le soldat était tenté. Il regarda, par-dessus l'épaule du prisonnier, son compagnon qui approuva de la tête.

— Qu'est-ce que tu en feras ? demanda-t-il encore pour retarder le marché.

— Il poussera à la roue. Le Grisot est vieux, et moi je me fatigue.

— Tope là !

L'échange fut vite fait, le cruchon vite bu.

Tambour savait qu'il ne fallait pas s'éterniser en ces lieux. La bière appelle la bière et marché de soudard ne vaut pas toujours son pesant d'or.

— Allez, pousse ! dit-elle au prisonnier.

Comme il ne comprenait pas un mot de français, elle se mit elle-même à la roue.

Grisot voyait s'éloigner la grange dont le parfum de paille avait rempli ses naseaux, mais il était habitué à ces changements de programme. Il alla donc, dans la nuit, heureux qu'on poussât avec lui la carriole qu'il traînait depuis si longtemps. Tambour marchait à l'arrière, et elle se demandait si elle ne pouvait pas garder ce garçon qui ne renâclait pas à la besogne.

« Un peu de soupe, un morceau de pain, il irait bien jusqu'à la fin de la campagne. »

On distinguait d'autres maisons ; d'autres soldats dormaient là-bas.

« Non, non, il faut le renvoyer. Il y a bien trop d'hommes à la guerre. »

L'âne trébucha, une roue rencontra une touffe d'herbe, le chariot fut sur le point de verser.

— Comment t'appelles-tu ? demanda la cantinière en un vague hollandais.

— Peet ! Vous savez parler hollandais ?

— Oh, moi, tu sais, j'ai appris l'allemand à l'armée de M. de Turenne, l'espagnol chez

M. de Condé. Maintenant c'est le hollandais, demain... peut-être le suédois.

— Vous m'avez sauvé !

— Tu as ton père, ta mère ?

— Oui.

— Alors, va les rejoindre. Vite ! Je n'ai pas besoin de toi, tu comprends ! Tu ne vaudrais jamais la soupe que je te donnerais. Et puis je les connais, les drôles de ton genre ! Tous des voraces ! Est-ce que nous ne nous suffisons pas, le Grisot et moi, pour pousser la carriole ?

Ils arrivaient à un nouveau groupe de maisons. Tambour, sans même le secours de sa trompette, entonna :

— Aaaah ! V'là la cantinière Tambour ! Ah ! Qui a des sous ? Qui a des sous ? Qui a des sous ?

Peet ne se décidait pas à partir.

— Va, lui dit-elle, dépêche-toi. N'attends pas qu'ils viennent. Qui a des sous ? Bonne bière ! Bon vin !

Mais Peet ne partait pas. Il demeurait planté près du chariot, comme s'il n'eût pas compris qu'il risquait d'être fait prisonnier de nouveau.

— Va-t'en !

— Ne restez pas ici, dit-il enfin, vous courez un grand danger !

— Le danger et moi, nous vivons bien ensemble, répondit la cantinière en riant. Je n'ai pas peur des boulets, ce sont les boulets qui ont peur de moi !

Peet mit dans sa voix toute la persuasion qu'il put trouver.

— Ce n'est pas des boulets que je parle. Un danger bien plus grand !... Vous m'avez sauvé, je veux vous sauver aussi !

La femme emboucha sa trompette car les soudards devaient dormir sur leurs deux oreilles.

— Te fais pas de souci pour moi, petiot, le danger, ça me connaît. Et c'est parce qu'il y a du danger que les hommes boivent mon vin. Même quand ils feraient mieux de dormir !

— Mais...

— V'là la cantinière Tambour !...

— Écoutez-moi !...

— Enfin ! Ils arrivent ! Faut qu'ils soient sourds, tout de même ! File, petiot !

Des ombres approchaient, Peet s'enfuit à toutes jambes...

Il courut longtemps, jusqu'à ce que, le souffle court, le visage ruisselant d'une sueur qui refroidissait sous la brise nocturne, il atteignît une meule de foin. Il s'y jeta et s'y pelotonna comme font les loirs pendant la mauvaise saison, heureux de se sentir à l'abri des regards.

Il s'était contenté de courir, de mettre la plus grande distance possible entre l'ennemi et lui. Maintenant, les pensées lui revenaient et, avec elles, l'image d'une grosse femme généreuse s'éloignant sur la route avec une carriole et un petit âne.

« Pourquoi ne m'a-t-elle pas cru ? se redisait Peet. Pourquoi n'a-t-elle pas compris que je voulais la sauver, moi aussi ? J'aurais dû tout lui dire. C'était trahir le secret de Jan, mais c'était l'empêcher d'être noyée. Est-ce que cela n'en valait pas la peine ? Ah ! Je ne sais plus ! C'est sans doute ça, la guerre ! Ça me dégoûte ! »

C'était la guerre, mais les grillons chantaient dans l'herbe, mais la clarté de la lune se faisait douce sur les prés, et les senteurs de la nuit de juin étaient aussi fortes qu'en une nuit de paix. Peet s'était caché dans la meule pour y reprendre son souffle, il y trouva un sommeil d'enfant qui le surprit en une seconde.

« Je m'endors ! se dit-il en sursautant. C'est vraiment ce qu'il ne faut pas faire ! »

Il se leva, titubant. Ah ! s'il avait pu dormir ! Se laisser tomber là, dans l'herbe, et fermer les yeux, et tout oublier ! Il était fatigué, très fatigué. Il avait faim, soif, sommeil et un peu froid aussi en cette aube qui commençait. Il marcha longtemps en traînant ses pieds nus sur le chemin. Il avait peur maintenant de rencontrer des Français. Toute son intrépidité avait disparu. De plus, à mesure que le ciel s'éclaircissait, l'angoisse de ne pas avoir assez

de temps pour rejoindre les siens grandissait en lui.

« Est-ce que je vais être noyé ? Mère, peut-être, avait raison ! »

Il n'était pas question pourtant de rebrousser chemin en abandonnant l'herbier. Être si près du but, avoir couru tant de risques pour revenir les mains vides ? Jamais ! Il vit que le soleil venait seulement d'apparaître. La charge n'exploserait qu'à six heures si Karel était bien au rendez-vous. Il avait donc le temps d'aller jusqu'à Naarden et de fuir ensuite aussi vite qu'il pourrait.

Quand il arriva en vue de l'auberge, il était exténué. Il avait tant couru, tant marché, tant couru de nouveau et tant marché encore qu'il voyait des points noirs danser devant ses yeux. Il avait un goût de sel dans la bouche ; il se sentait vidé de ses forces.

Le hameau déserté avait un air étrange. Nulle vie autour de ses maisons, pas une bête dans les pâtures. Il n'était plus qu'une chose morte, abandonnée. Peet se dirigea vers l'auberge. Hier encore, des chevaux piaffaient dans les écuries, des voyageurs, même s'ils n'étaient pas nombreux en ces temps de guerre, descendaient du coche et pénétraient sous le chaume du toit. La servante courait après une poule qui ne voulait pas se laisser tordre le cou. C'était la vie de tous les jours avec les gestes familiers au milieu desquels on aime se retrouver. Maintenant, tout n'était que silence.

Mais Peet ne se laissa pas attendrir par la maison endormie. Il avait trop faim, il sentait bien que, s'il ne mangeait pas tout de suite quelque chose, il allait s'effondrer. Tant pis si cela prenait plusieurs minutes précieuses, il les rattraperait ensuite.

Il courut au jardin potager. Là, semées de la main d'Agatha, des fèves avaient poussé qui cachaient sous leurs feuilles de longues gousses vertes qu'il arracha. Les cosses craquaient avec un bruit sourd ; les doigts avides du garçon dénichaient, dans le duvet humide, les grains qu'un petit geste brusque enfournait dans la bouche, vite, très vite.

Quand Peet se redressa, sa faim était calmée. Il traversa le carré de fèves sans prendre le soin d'enjamber les sillons. A quoi bon, puisque, dans quelques heures, le flot allait recouvrir le jardin ? A la porte de l'enclos, il s'immobilisa soudain. Il venait d'apercevoir une ombre qui se faufilait dans l'angle de la maison. Un vieux tonneau était là, destiné à recueillir les eaux de pluie ; il se cacha derrière, le cœur battant. Un homme apparut, presque en guenilles, armé d'une barre de fer. Il avait une barbe en broussaille qui envahissait la moitié de sa figure. Ses pieds étaient nus, sa démarche celle de tous ces hommes sans toit qui errent par les chemins.

Il semblait sûr de son affaire. Il savait que les habitants avaient déserté le pays et il pensait, avec raison, que des victuailles restaient dans les coffres et dans les buffets, des victuailles grasses, débordantes de cette généreuse odeur qui tenaillait l'estomac des errants affamés quand ils passaient près des chaumières. Il était hollandais et ne se trompait pas sur le motif de l'exode, mais il avait la possibilité de manger à sa faim un jour, une fois, et tant pis s'il devait en mourir !

Le plaisir du pillage viendrait ensuite, la joie de faire main basse sur tout ce que le bourgeois industrieux avait amassé en une vie de comptes et d'économie. Tout était là, avec seulement le rempart d'une porte !

Par une habitude de vieux maraudeur, l'homme jeta dans la cour un regard circulaire. Il n'y avait, posé sur un caillou qui servait à caler la roue du coche en un temps maintenant révolu, qu'un pigeon bleu descendu des toits et étonné de cette solitude.

Le vagabond engagea la barre de fer sous la porte et pesa de tout son poids. C'était compter sans le soin d'Agatha Boerhave. La serrure était forte et le battant de bon bois dur. L'homme fit une seconde tentative. Peet, de son observatoire, l'entendit jurer.

Pour aller aux écuries, il fallait traverser la cour. Le garçon ne pouvait le faire sans être vu. De précieux instants, encore, s'écoulaient, qui le rapprochaient de l'heure terrible. Peet était décidé à passer quand il vit, dans la campagne, d'autres silhouettes, les unes courbées sous des sacs, les autres courant au pillage. Tous les gueux d'Amsterdam, tous les affamés, tous les misérables, bravant le danger, se jetaient sur des trésors longtemps entrevus et convoités et maintenant à portée de leur main.

« Mon Dieu ! pensa Peet, ils vont m'attaquer si je les surprends ! Il ne manquait plus que ça ! »

Il ne se rendait pas compte que, hirsute, crotté, la chemise déchirée, il pouvait passer lui-même pour un pauvre hère.

La porte ne cédant pas, le maraudeur alla à la fenêtre. D'un coup de barre, il la fit voler en éclats. Puis il se hissa sur le rebord et se coula à l'intérieur.

Peet n'attendit pas de voir ce qui allait se passer ensuite. Il s'élança dans l'espace vide et vint se heurter à la porte de l'écurie, fermée de bois armé de fer, inébranlable.

Les deux mains à plat contre le panneau, la joue écrasée sur la surface rugueuse, il se laissa glisser à terre avec un gémissement. Il était venu jusqu'ici, à travers tant de périls, pour buter contre un obstacle qu'il aurait pu prévoir. On avait, chez les Boerhave, des portes solides.

Peet était si fatigué, il avait été secoué par tant d'émotions, que ses idées devenaient confuses. Il ne savait plus s'il tenait vraiment à son herbier. Il s'entêtait à continuer une entreprise dont le côté fou lui échappait.

« Je ne vais pas abandonner maintenant, se répétait le garçon. Je réussirai ! Je réussirai ! »

Il essaya de secouer les vantaux, qui demeurèrent immobiles. Il fit alors ce qu'il avait vu faire au maraudeur. En temps ordinaire, il aurait été incapable de dérober un œuf dans un poulailler mais, parce que c'était la guerre et parce que tout était perdu, il roula une grosse pierre sous la lucarne haut placée et, d'un coup de bâton, il brisa la croisée.

L'intérieur de l'écurie était plongé dans la pénombre. Le silence, ici, devenait plus oppressant qu'au-dehors. Seule goutte de vie dans ce monde clos, une poule oubliée couvait toujours dans la crèche de Ratche.

Peet sauta de la lucarne. Tout de suite, il courut au coffre près de l'escalier. Sur le lit défait, la couverture était telle que Jan l'avait rejetée pour sauter sur le meilleur cheval de l'écurie. Mais Peet le remarqua à peine. Il était déjà à genoux près du coffre dont il soulevait le couvercle.

— Le voilà !

Il avait poussé un cri de triomphe. Il tenait son herbier sur son cœur.

Il était joyeux. Il était si joyeux qu'il ne voulut pas repartir sans sauver la poule couveuse.

— Allez, ma vieille, tu feras ça une autre fois !

Il la saisit par les ailes et, à travers la lucarne, il la jeta dans la cour.

Mais, au moment d'escalader le mur, il s'arrêta, prêtant l'oreille. Un roulement de sabots approchait.

« Les dragons ! » pensa-t-il, soucieux de ne pas retomber entre leurs mains.

Il écouta attentivement. C'était un seul cheval qui galopait et le bruit de sa course avait une force inaccoutumée. Comment un cheval de selle pouvait-il faire ce bruit ?

Peet sauta sur une crèche, s'accrocha au rebord de la lucarne et, à la force des poignets, se hissa jusqu'à l'ouverture. La galopade se rapprochait. Peut-être le cavalier ne ferait-il que passer.

— Ratche !

Le gros cheval frison débouchait sur le chemin. Il arrivait de son trot de titan, énorme, échevelé, couvert de poussière et de sueur. Sans une hésitation, il pénétra dans la cour et, quand il fut parvenu au milieu, il se dressa sur ses pattes de derrière et hennit longuement.

Il était magnifique !

Chapitre 11

— RATCHE !

Peet enfonça l'herbier dans l'ouverture de sa chemise et se glissa à travers la lucarne, léger, sûr maintenant d'échapper à l'inondation.

Quand il fut à terre et qu'il se retourna, il poussa un cri de surprise et de colère.

— Non !

Plus rapide que lui, plus souple encore, un des rôdeurs avait sauté au licou du cheval et tentait de le maîtriser. La bête, d'ailleurs, ne se laissait pas faire. Elle se cabrait, ruait et hennissait, crinière au vent, dents sorties, sans parvenir toutefois à se libérer.

— Laissez-le ! Il est à moi ! C'est mon cheval !

Peet s'élança sur le voleur. L'homme était

vigoureux mais le garçon avait un tel désir de vaincre que ses forces s'en trouvèrent décuplées. Tous deux roulèrent sur le sol en se distribuant généreusement les coups de pied, les coups de poing. L'herbier souffrit dans ce corps à corps. Peet n'avait plus sur lui que des lambeaux de vêtements. L'album glissa par une déchirure de la chemise pendant que les deux combattants continuaient de s'assommer avec une belle ardeur.

Bien que robuste, Peet n'était qu'un garçon de quinze ans. D'un mouvement violent, son adversaire se retourna et lui assena un coup de poing qui l'atteignit au-dessus de l'arcade sourcilière. Peet vacilla sous le choc. Son instinct de conservation le jeta sur le voleur qui reçut à son tour un coup de poing dans l'œil. L'homme agita les bras pour retrouver l'équilibre et recula d'un pas. Peet, sans perdre une seconde, ramassa l'herbier et sauta sur le dos du cheval.

Tout cela s'était passé très vite et pourtant l'homme eut le temps de s'accrocher au licou. Ratche, dès qu'il sentit son maître sur son échine, partit au grand galop.

— Va, Ratche ! Va ! Plus vite ! Plus vite !

L'adversaire ne lâchait pas prise. Son long corps en guenilles traînait sur le chemin, meurtri par les sabots de la bête, par les cailloux ; ses mains se crispaient toujours sur la corde. Il savait bien, le malheureux, que c'était là sa seule chance de salut.

« C'est lui ou c'est moi, se dit Peet. Quand donc tout cela finira-t-il ! »

— Plus vite, Ratche ! Plus vite !

Il hurlait pour exciter le cheval, pour que l'homme lâchât la corde et ne fût plus ce malheureux qu'il traînait dans un nuage de poussière. Les doigts noués à la crinière, il talonnait les flancs de la bête.

Aller plus vite ! Ne pas tomber !

Quand il se retournait, il voyait que le maraudeur s'entêtait. Celui-ci devait être, d'ailleurs, d'une force peu commune, car ses mains, peu à peu, remontaient le long de la corde. Tout son buste était déjà détaché du sol. Si l'homme n'osait pas, s'il ne pouvait pas encore s'accrocher à une jambe de Peet, dans une minute cela lui serait possible.

Peet le comprit. Il comprit aussi qu'il était en train d'accomplir un meurtre. Laisser cet homme, c'était le condamner à la noyade. Jamais Peet, une fois la première peur passée, n'aurait pu s'y résoudre. Même si c'était la guerre !

Il se pencha brusquement et, au risque d'être jeté à terre, il tendit la main.

Le voleur se hissa avec peine car Ratche refusait de ralentir. Les deux adversaires, étroitement liés l'un à l'autre, étaient maintenant unis devant le danger. Ratche, malgré la charge considérablement accrue, redoubla de vitesse.

— Va, mon cheval, et ne t'arrête pas ! cria Peet au comble de l'excitation.

Il ne fallait pas songer à prendre des raccourcis. Les prés étaient quadrillés de canaux, de rigoles, de fossés que le lourd frison ne pouvait franchir d'un bond. Là où un cheval de selle se serait enlevé, au-dessus d'une haie, d'une eau dormante, Ratche ne pouvait qu'être retardé. Il allait, de son allure régulière, avec une obstination humble, et frappait le sol de ses larges sabots surmontés de paturons barbus.

Bientôt, il dut reprendre haleine. De longs frémissements couraient sur son poitrail environné de taons, sa crinière se faisait poisseuse sous les doigts du cavalier.

— Il ne pourra pas nous porter bien loin, grogna l'homme. Il est trop vieux...

Il n'avait pas fini sa phrase qu'il sautait à terre. Sur la route, un cheval traînait une voiture renversée.

— Viens, cria-t-il, on va l'attraper facilement. Laisse ta vieille carne !

Peet le vit courir derrière l'attelage, remettre d'un coup d'épaule la carriole sur ses roues...

— Tu viens ? cria encore l'homme.

Mais Peet, pour rien au monde, n'aurait abandonné son vieil ami.

— Brave Ratche, lui dit-il doucement, tu es revenu. Tu es revenu à l'écurie. Tu as senti le danger pourtant. On dit que les bêtes le sentent toujours. Et tu es revenu ! Alors, c'est pour moi ? Oui, c'est pour moi !

Un élan de reconnaissance lui fit entourer de ses bras l'encolure du cheval. Il ne voulait croire ni à la peur qui avait poussé l'animal à s'échapper des mains du vieux Jacob ni au long vagabondage dans la campagne désertée dont témoignaient les herbes accrochées à la crinière et aux flancs bourrus.

Personne n'aurait pu faire admettre à Peet que Ratche, après avoir erré, était retourné au seul lieu qu'il connût bien : son écurie.

Le cheval se remit à galoper en renâclant très fort.

— Il faut tenir, Ratche, nous avons peut-être encore une heure devant nous.

Le soleil montait dans le ciel ; les prairies sentaient l'herbe chauffée. Un énorme nuage blanc gonflait à l'horizon, du côté de la mer. Peet le regarda avec inquiétude : c'était comme une préfiguration du déferlement à venir. Le soleil frappait les masses nacrées qui s'amoncelaient, roulaient, se faisaient et se défaisaient au milieu de l'azur tranquille. Il y avait là-haut de grandes vagues muettes et ralenties qui étaient un avertissement.

Peet, fasciné, ne les quittait pas des yeux. Jamais il n'avait vu un nuage occuper aussi vite l'horizon. Ce n'était pourtant qu'une nuée d'orage. A Muyden, la mer, encore contenue, devait avoir son aspect habituel.

Des images s'imposèrent à l'esprit du fugitif : un homme marchait d'un pas précipité. Était-ce Karel ? Était-ce Jan ? Il avait des gestes précis. Il savait où il allait déposer la charge de poudre. De l'autre côté des grandes portes, la houle du Zuiderzee frémissait d'impatience. On devinait dans son ressac comme une grande envie de tout dévorer.

— Plus vite, Ratche ! Plus vite !

Peet ferma les yeux. Il entendait le galop de Ratche. Il voyait en imagination les saboteurs. Il était peut-être six heures.

Le nuage grandissait. Tout l'horizon maintenant s'était alourdi d'une montagne blanche.

— Va, Ratche !

Mais la bête était épuisée. Un de ses sabots antérieurs heurta une pierre. Elle dut se mettre au pas.

Peet avait peur. Bussum était encore loin. Une longue route restait à parcourir, et bientôt, très bientôt...

Qu'était devenu Jan ? Pourquoi avait-il volé

le cheval dans l'écurie de maître Cornélius ? Où était-il parti ?

Peet venait à peine de se poser la question qu'une explosion très sourde, très lointaine, lui apporta la réponse. Presque rien, un bruit qu'on aurait pu ne pas remarquer.

— C'est fini, murmura Peet en fermant de nouveau les yeux. Tout est fini.

Un grand silence se fit dans la campagne. Les oiseaux cessèrent leurs gazouillements et, tous ensemble, ils montèrent haut dans le ciel. Ratche, avec un long hennissement, reprit son galop. Il semblait avoir trouvé des forces nouvelles. Il courait, les oreilles couchées, les naseaux dilatés, et, quand un vent frais l'atteignit soudain, il hennit une fois encore et se cabra.

— Ratche ! Ratche ! Tu es fou !

A peine retombé, l'animal se lança dans une course effrénée. Ce n'était plus le frison heurtant le sol desséché de ses quatre massues armées de fer, c'était un formidable géant qui renversait tout sur son passage.

Le vent du large apportait avec lui une odeur de sel et de malheur.

Le ciel, derrière eux, avait pris la couleur grise de l'eau. Une vapeur terne voilait l'ivoire du nuage. Chassé par la tempête née de la mer, l'orage fuyait vers d'autres contrées.

Ratche était affolé. Quand le soleil disparut derrière les nuées, il parvint à accélérer encore son galop. Le vent balayait la campagne, saturé d'une eau saline que Peet sentait sur ses joues, sur son corps vêtu de lambeaux.

« Que faire ? se demandait le garçon. Que faire ? »

Il se retourna pour voir si la vague ne le rattrapait pas. Minuscules à l'horizon noirci, deux cavaliers tentaient, eux aussi, d'échapper à l'inondation.

« Sans doute des dragons français », se dit Peet.

Il ne redoutait plus l'ennemi à présent. Elle était finie, la guerre de la France et de la Hollande ! Il n'y avait plus que des hommes qui luttaient contre la mer.

Les deux cavaliers devaient avoir des ailes. Le visage sur l'encolure, droits sur leurs étriers, ils faisaient corps avec les montures qui les emportaient en une chevauchée d'enfer. Ils se rapprochaient rapidement. Peet fouetta son gros cheval pour le mettre au rythme des deux coursiers. Ce fut peine perdue.

Bientôt il fut rejoint. Un des cavaliers, devant cet obstacle imprévu, leva la tête.

— Peet !

— Jan !

L'homme tira de toutes ses forces sur les

rênes de son cheval qui, la bouche blessée, se cabra.

— Peet, que fais-tu là ?

Ratche, le bon Ratche, poursuivait son effort. Sans obéir à son jeune maître qui essayait maintenant de le retenir, il continua sa course puissante, devinant sans doute, avec son instinct, que toute minute perdue pouvait être fatale.

Jan vint se placer sur le flanc gauche de Ratche cependant que, de l'autre côté, Karel se rangeait à son tour.

— Que fais-tu là, malheureux ? hurla Jan. La digue est crevée ! Dépêche-toi !

Il essayait de freiner son alezan et, en même temps, d'entraîner le vieux Ratche qui livrait sa dernière bataille.

— Par pitié, dépêchons-nous ! cria Karel. Peet, presse ton cheval !

— Je ne peux pas, répondit Peet en pleurant de peur et d'énervement. Il est à bout de forces. Partez ! Laissez-moi.

— Tu es fou ! répliqua Jan. Échangeons !

— Non !

— Fais ce que je te dis !

Il imposa un écart à sa bête et vint la placer devant Ratche.

— Vite, Peet, je t'en supplie !

Il était déjà à terre. Sans lâcher l'alezan qui

se serait enfui, il fit descendre le garçon et enfourcha Ratche.

— Karel, sauve cet enfant. Allez devant !

Karel pâlit.

— Jan, dit-il, tu vas mourir. Tu ne pourras jamais te sauver !

— Ne t'occupe pas de moi !

— Vous devriez monter tous les deux le cheval de selle.

— Ce serait l'alourdir et diminuer les chances de Peet ! Allez de l'avant, Karel, vous pouvez vous sauver ! Sauve cet enfant ! Je lui dois ça !

— Mais toi ?

— Crois-tu que je vais me laisser noyer sans rien faire ?

Pour bien montrer qu'il voulait jouer sa dernière chance, Jan fouettait Ratche à tour de bras. Mais déjà, le vieux cheval commençait à trébucher.

— Je ne peux pas te laisser, hurla Karel. Tu n'entends pas ce grondement ?

— Tu as Hendrickje. Pour elle, tu dois réussir !

Peet était déjà loin, emporté par l'alezan que la panique aiguillonnait. Incapable d'en imposer à la bête, il se laissait conduire, préoccupé seulement de se maintenir en selle avec des étriers trop longs.

— Va le rejoindre, insista Jan. M'écouteras-tu, à la fin ?

Son visage était crispé par la colère, une

colère née de la tension des nerfs et de cette impossibilité qu'il y a à convaincre un ami de vous abandonner. Karel, tout en contenant son cheval, lui tendit la main.

— Dieu te protège, Jan !

— Dieu nous protège !

Karel enleva son cheval et, sans un regard en arrière qui l'aurait sans doute retenu encore, il rejoignit Peet.

— Sais-tu bien monter ? demanda-t-il quand il fut près du garçon.

— Assez bien.

— Alors, suis-moi !

Il reprit sa position couchée sur l'encolure. Peet essaya de l'imiter et fut tout surpris d'y parvenir.

Le grondement se rapprochait. L'air, chargé d'humidité, sentait l'algue et la tempête. Le ciel et la terre avaient pris la couleur du plomb.

Puis le grondement se précisa. Il devint un tumulte qui, derrière les fugitifs, écrasait la campagne.

Karel courait devant, franchissant les fossés, s'éloignant des canaux qui deviendraient, quand l'eau recouvrirait les terres, des chausse-trapes où ils s'engloutiraient. Pour éviter une boucle du chemin, ils s'élancèrent dans un pâturage. Les sabots des chevaux firent jaillir de l'eau d'entre les herbes. Karel compris que la vague les gagnait de vitesse.

A Muyden, la mer se précipitait dans la brèche, elle déferlait en une muraille liquide sur les villages et sur les champs. Ici, sûre du terrain conquis et de tout l'espace qu'on lui livrait désormais, elle s'étalait, détrempant le sol, sortie du lac, des canaux et des tourbières, triomphante de tous les moulins, de toutes les digues, parce que les hommes l'avaient appelée à leur secours pour mieux se perdre.

Les chevaux avaient déjà de l'eau à mi-jambe.

Après cette eau jaillie de la terre, ce fut la vague. Les bêtes ne pouvaient plus courir ; seules leurs croupes et leurs têtes émergeaient encore.

— Nous sommes perdus, gémit Peet.

— Allons, du courage, fit Karel d'une voix calme. Quoi qu'il arrive, ne lâche jamais ton cheval. Tu entends ?

Peet ne put pas répondre : une montagne d'eau venait de s'abattre sur eux. Elle tomba sur leur tête, sur leurs épaules, avec un fracas de fin du monde, puis ce fut le silence, l'étouffement, la boue qui entre dans la bouche, dans le nez, dans les yeux, le liquide glacé et gluant qui enserre, qui emporte et qui noie. Peet, à demi inconscient, sentait pourtant que ses mains se crispaient sur la bride du cheval. Le souffle lui manquait. Au moment où il allait sombrer tout à fait, il entendit un long hennissement désespéré.

Il ouvrit les yeux et ce qu'il vit le remplit d'épouvante. Il était revenu à la surface de l'eau, porté par son alezan qui nageait au milieu de débris de toutes sortes. Sans lâcher la rêne, il parvint à étreindre dans ses bras le cou du cheval et à se hisser sur son dos. Quand il sentit la croupe entre ses jambes et non plus cette force qui l'attirait vers les profondeurs gluantes, il faillit de nouveau s'évanouir.

Autour de lui, la nature était effroyable. Le ciel et l'eau se confondaient en une grisaille sinistre. De terre, il n'y en avait plus. Des nuages noirs s'élevaient lourdement et flottaient au-dessus de la campagne. Des épaves sans nombre passaient, bousculées par le courant : arbres arrachés, bêtes noyées, meules de foin qui se défaisaient dans l'eau comme de gigantesques chevelures. Des maisons à demi écroulées, des moulins aux ailes arrachées apparaissaient encore ; d'autres s'effondraient, minés par la poussée des eaux.

Peet, hébété, regardait tout cela. Jamais, même au plus fort de son imagination, il n'avait prévu un tel désastre. La Hollande tout entière était perdue.

Il serrait le cou du cheval avec un entêtement désespéré. La bête nageait bien mais se fatiguait. Sa longue tête, parfois, s'enfonçait dans l'eau. Peet sentait alors le flot se refermer sur ses épaules ; il coulait lui aussi et refaisait surface pour couler bientôt de nouveau.

— Hardi, mon vieux, hardi ! cria-t-il en serrant plus fort l'encolure. Nous nous en sortirons !

Mais que faire ? Et où aller ? La détresse était partout, il n'y avait pas, à l'horizon, la moindre terre émergée.

— Peet !

Un appel arriva jusqu'à lui à travers les masses d'eau et de brouillard, très faible, à peine perceptible.

— Peet !

Karel était sauvé. Ce ne pouvait être que lui qui appelait.

— Karel ! Je suis...

Un tronc d'arbre qu'il n'avait pas vu venir le heurta à la tête. Le choc fut rude mais Peet ne perdit pas connaissance.

« Que faire ? se demanda-t-il. Le cheval va se noyer, il n'en peut plus. Je devrais peut-être m'accrocher à ce tronc. »

Mais il n'osa pas se séparer de sa bête.

— Peet !

La voix se rapprochait. Peet aperçut enfin, au milieu de poutres et de palissades flottantes, la tête du cheval de Karel, et Karel lui-même qui agitait un bras.

Comme ils étaient loin ! Jamais Peet ne

serait capable d'aller jusqu'à eux ! Il fallait traverser une zone de fort courant où les arbres arrachés se mêlaient aux restes d'une maison. L'alezan, soudain, s'enfonça. De nouveau, Peet se sentit couler. Le cheval, de l'eau jusqu'aux yeux, se débattait, et c'était comme s'il eût résisté à quelque monstre aquatique qui l'aurait entraîné vers le fond.

Peet comprit que sa dernière heure était venue.

— Karel, cria-t-il, je me noie !

Il avait de la boue plein la bouche. Il rejeta la tête en arrière afin de trouver un peu d'air et fit un battement de jambes pour essayer d'aider l'animal. Ses pieds rencontrèrent un obstacle : de gros pieux que avaient été une clôture de pâturage et que l'eau avait jetés les uns sur les autres pour composer un piège dans lequel l'alezan était pris.

Peet parvint à poser un pied. Miracle ! Il était debout ! Il n'avait plus sous lui cet abîme visqueux qui voulait l'absorber. Bien que les pieux fussent glissants, il réussit à s'y maintenir et, sans lâcher la bride, à dégager le cheval.

A peine y était-il arrivé qu'une nouvelle vague les rejeta dans l'eau profonde.

Karel s'approchait. C'était un bon nageur. Il avait enlevé sa veste pour être moins gêné et il nageait sans crainte en conduisant son cheval qui obéissait à sa main experte. Tous deux avaient fini par s'arracher à l'enchevêtrement des poutres et des planches et ils utilisaient le courant pour rejoindre Peet.

— Tiens bon, petit, j'arrive !

— Je... je... n'en...

Peet ne pouvait plus appeler. Chaque fois qu'il ouvrait la bouche pour crier, il avalait un long trait qui lui coupait la respiration. Karel arriva enfin. Le bon Karel et sa force tranquille et sa douceur qui, même en une heure aussi terrible, persistaient à émaner de lui.

— Courage, Peet, nous nous en sortirons. Tiens la bride plus haut. Est-ce que tu peux défaire la sangle ? Il faudrait enlever la selle pour alléger le cheval... Viens, accroche-toi au mien... Non !... Attention !... Ne lâche pas ta bête, elle va nous échapper !

Karel fouilla l'eau trouble pour trouver la boucle de la sangle. D'un geste précis, il fit glisser la selle et nagea à côté du cheval.

Karel se rendait compte que Peet allait être à la limite de sa résistance et qu'alors, malgré toute la volonté du monde, malgré l'impérieux désir de survivre, il se laisserait noyer. Il fallait trouver un refuge. Quand un toit de chaume apparut, le choix fut vite fait. La maison divisait le courant comme un pilier de pont ; de chaque côté, l'eau se précipitait en se creusant de remous.

— Dès que tu toucheras le toit, recommanda

Karel, tu lâcheras ton cheval et tu t'agripperas très fort. Je vais passer le premier...

Il dut se taire pour reprendre son souffle. Lui aussi commençait à être très fatigué. Ses bras se faisaient lourds, difficiles à remuer. L'eau glacée paralysait sa poitrine. Une entaille, à son front, saignait dans son sourcil. Mais il serrait les dents, toute sa volonté tendue pour sauver ce garçon que Jan lui avait confié, au moment de son sacrifice.

Il se trouvait au milieu d'une zone où l'eau était étale, presque calme. Dans une minute, il allait se livrer au courant, abandonner son cheval. S'il ne réussissait pas à s'accrocher au rebord du toit, il était perdu.

« Hendrickje », pensa-t-il.

D'un effort de tous ses muscles, il amena la bête dans les tourbillons. Tous deux furent roulés, précipités, engloutis dans un gouffre tandis qu'ils prenaient une vitesse considérable. Karel vit l'auvent de chaume, à fleur d'eau, aller à lui avec une rapidité inouïe. Il lâcha la bride et appliqua ses doigts endoloris par la fatigue et par le froid sur une poutre qu'il avait remarquée avant de tenter l'aventure.

Le cheval, emporté par le flot, était déjà loin.

Karel se hissa péniblement, s'arracha à la boue et roula sur le ventre au travers du chaume qui résistait encore au boutoir de l'inondation. Sa tête semblait sur le point d'éclater. Ses oreilles tintaient. Il avait envie de ne plus bouger.

Mais Peet était là-bas, qui attendait de passer à son tour.

« J'ai cet enfant à sauver », pensa-t-il.

Il se leva et s'accroupit au bord du toit, une main étreignant un chevron, tout le corps penché au-dessus de l'eau, prêt à saisir le garçon quand il passerait.

— Peet, cria-t-il, fais bien attention ! Il faut réussir du premier coup, il n'y a pas de répétition possible. Approche-toi du courant et, dès que tu arrives à moi, tu me tends la main. N'aie pas peur, petit, on réussira. A mon signal !... Hop !

Peet faisait confiance à son ami. Il sut obéir. Karel le vit lancer son cheval, arriver sur lui à une allure vertigineuse.

— Lâche-le !

Leurs mains se rencontrèrent, se serrèrent très fort. Le deuxième cheval s'en alla, lui aussi, à la dérive.

— Bravo, c'est réussi !

Karel était vigoureux. Il put assez facilement hisser son compagnon sur le toit. Sans penser pour l'instant à la précarité de leur situation, ils s'étendirent sur le chaume, à plat dos, et aspirèrent goulûment l'air qui lava leurs poumons de toute la boue accumulée.

— Comment allons-nous faire, maintenant

que nous n'avons plus de chevaux ? questionna Peet.

— Calme-toi. Ne regarde pas autour de toi, conseilla Karel. Nous avons un moment pour nous reposer, profitons-en !

Il fixait de ses yeux bleus les nuages sombres qui passaient très bas au-dessus du toit. Il sentait qu'il venait de vivre des heures dont il se souviendrait toujours et se demandait sans doute de quoi les heures prochaines seraient faites.

Puis, comme le visage de Jan s'imposait à son esprit, il se leva d'un bond pour échapper à des pensées qui lui auraient ôté des forces.

C'est alors qu'il s'aperçut que l'eau recouvrait déjà la poutre à laquelle il s'était accroché.

Karel

Chapitre 12

— LÀ, regardez !

— Je ne vois rien !

— Je crois que c'est une barque !

— Tu en es sûr ?

— Je crois.

C'était une barque, la coque renversée, entre deux eaux comme un grand poisson mort. Elle dérivait en se rapprochant du toit sur lequel Karel et Peet avaient cherché asile.

— Il ne faut pas la laisser passer ! fit Karel avec un regard anxieux vers le petit coin de chaume qui affleurait encore.

Il se laissa glisser dans l'eau et partit à larges brasses. La ·barque, par chance, après avoir tournoyé deux ou trois fois, s'immobilisa dans une zone calme. Karel eut tôt fait de la rejoindre.

— Peet, nous sommes sauvés !

Il avait eu envie de le crier tout de suite tant sa joie était grande. Et pourtant le plus long restait à faire. Il fallait maintenant rendre la barque utilisable.

Quand il l'eut retournée au prix d'efforts épuisants, il la conduisit jusqu'à un arbre dont les plus hautes ramures émergeaient encore. Là, prisonnière du feuillage, elle ne pouvait plus lui échapper.

Alors commença un dur travail de patience. D'une main, sans cesser de nager, Karel essaya d'écoper la barque. Celle-ci fut enfin capable de remplir son office. Le jeune homme se hissa par-dessus le plat-bord. Quand il fut assis sur le banc de nage, il ne put retenir un grand geste de triomphe.

— Hourrah ! cria Peet. J'arrive !

— Non ! Tu nages comme un caillou. J'en ai assez de barboter. Je vais te chercher !

— Comment ferez-vous pour conduire la barque ?

— Tu as raison. Il va falloir que je me mouille encore !

Cette fois, il avait le cœur léger car il savait qu'il pourrait mener à bien sa mission. Il plongea et revint vers la barque avec une planche qui lui servit de godille pour rejoindre le toit de chaume.

Traverser le courant ne fut pas chose aisée

mais Karel y parvint. Peet sauta dans la barque et les deux naufragés se regardèrent pendant quelques secondes. Puis, d'un même élan, ils tombèrent dans les bras l'un de l'autre. La barque tangua dangereusement.

— Hé, là ! fit Karel. Doucement, je n'ai pas envie de recommencer !

Il prit appui sur le rebord du toit et repoussa l'esquif.

— Voilà, il n'y a plus qu'à se laisser porter jusqu'à Utrecht !

— Je ne sais pas si nous y arriverons.

— Alors nous ramerons.

Karel semblait joyeux en s'adressant à Peet mais celui-ci remarqua que, quand il croyait ne pas être vu, il reprenait un visage grave.

— Je sais à quoi vous pensez, dit le garçon. Peut-être aura-t-il réussi, lui aussi.

— Peut-être.

— Je le voudrais tant !

— Jan est pour moi plus qu'un ami. Depuis notre petite enfance, nous avons vécu comme des frères...

Il ne continua pas. Il n'était pas sûr de pouvoir contenir son émotion et il ne voulait pas s'attendrir. Peet, qui le comprit bien, se tut à son tour.

Ce fut Karel qui rompit leur long moment de silence.

— Maintenant que nous pouvons bavarder, dit-il, dis-moi un peu ce que tu faisais près de Naarden à une heure pareille ! Tu as pourtant eu le temps de te sauver comme les autres.

— Je suis revenu.

— Pour quoi faire ?

— Pour mon herbier. Ne riez pas !

— Est-ce que je ris ?

— Non, c'est vrai. Alors, vous le comprenez, vous, que j'aie eu envie de retourner le chercher... Je voudrais être instruit. Il me semblait que c'était comme un début.

— Tu risquais ta vie.

— Je sais. Et pour rien encore car l'herbier... il est au fond de l'eau.

— Tu en feras un autre.

— C'est ce qu'ils me disent tous. Ça prouve qu'ils ne comprennent rien à rien.

— Ne te fâche pas, mon grand. Si je te dis cela, ce n'est pas parce que je ne comprends pas, c'est parce que tu ne dois pas te décourager.

— Oh ! Mais je ne me décourage pas !

— Voilà ce que je voulais t'entendre dire. Ton herbier, c'est comme nos champs et nos maisons, il faudra le recommencer.

Karel promena son regard bleu sur les eaux.

— Il faudra tout recommencer, ajouta-t-il.

La barque frôla ce qui restait d'une haie de peupliers. Karel détacha un rameau et le tendit à Peet.

— Et sans attendre ! Tiens, voici le début de ton nouvel herbier !

Peet baissa la tête. Il considéra la branchette de peuplier qu'il faisait tourner entre ses doigts.

— A quoi penses-tu ? demanda doucement Karel.

— Je ne sais pas écrire « peuplier ».

— Eh bien, je te l'écrirai ! S'il n'y a que cela pour te chagriner !

Le garçon regardait toujours les feuilles dans sa main.

— Jan devait m'apprendre à lire et à écrire, murmura-t-il après un temps de réflexion.

— Il te l'avait promis ?

— Heu... oui... presque, bredouilla Peet en rougissant.

— Si nous ne revoyons pas Jan, c'est moi qui le ferai à sa place.

— Vrai ?

— Bien sûr !

⁂

La paysanne remonta le cuveau et considéra attentivement l'eau trouble qui le remplissait.

— Voilà maintenant que le puits est mauvais aussi ! grommela-t-elle.

La veille, l'eau était encore claire, mais avec

tout ce flot qui arrivait jusqu'au bois on pouvait s'attendre au pire.

La femme dressa une longue échelle contre le mur de sa chaumière et grimpa sur le toit.

— C'est encore du malheur pour les pauvres gens, c'est sûr ! L'eau va être là demain !

Debout sur le chaume, elle mit une main en visière et inspecta l'horizon. L'inondation n'était pas visible ; les arbres du bois avaient encore les pieds au sec.

— Peut-être bien qu'on s'en sortira, fit-elle avec déjà moins de colère. La maison est quand même sur la lande !

Si la maison n'était pas envahie, tout n'était que demi-mal. C'est qu'elle en avait entendu, des nouvelles, la pauvre femme, et parfois des plus alarmantes ! On avait ouvert les écluses. La mer et le Naardenmeer s'étaient rejoints. Tout le pays était inondé. Amsterdam était au milieu des eaux et les vaisseaux de guerre entouraient la ville, flottant au-dessus des maisons. L'eau douce manquait ; on commençait à la vendre six sous la pinte.

Ce dernier détail lui rendit sa mauvaise humeur. Le puits était troublé au moment où il aurait pu rapporter plus d'argent qu'on n'en avait jamais vu dans la chaumière.

— Joris ! Où te caches-tu, animal ? Jori... is !

Personne ne répondit à son appel. Elle descendit l'échelle à reculons et, quand elle fut de nouveau sur le sol :

— Jori...is ! Toujours en train de courir !

Une tête apparut dans le foin de l'appentis, une tête hirsute avec deux yeux immenses, tout ronds, qui remplissaient le visage.

— Tu ne peux pas venir quand on t'appelle ?

Après la tête, sortirent du foin des vêtements en loques qui avaient pris depuis longtemps la couleur indéfinie des bruyères en hiver, puis de longues jambes maigres, couvertes de boue séchée. Tout cela faisait un petit vagabond qui pouvait bien avoir huit ou neuf ans.

— Toujours à ne rien faire, ingrat ! Cours jusqu'au bout du bois et vois si l'eau est montée encore. Ne flâne pas en chemin, je t'attends ici !

Cette promenade ne devait pas déplaire à Joris car il partit sans traîner les pieds.

— Prends la chèvre ! ajouta la paysanne. Il faut toujours qu'on te dise ce que tu as à faire !

Cette fois, ce fut la course. Le petit garçon alla détacher la chèvre, et tous deux, en bondissant, disparurent dans la bruyère.

Joris, quand il fut sûr qu'on ne pouvait plus le voir, lâcha la corde et se mit à poursuivre l'animal qui connaissait le jeu. Ils arrivèrent ainsi très vite au bois.

Sous les arbres, l'enfant reprit la chèvre en main et la tint très court. L'inondation avait

apporté toutes sortes de gens dans le pays, y compris sans doute des voleurs de chèvres.

— Fais pas la folle, sois sage. Si tu restes tranquille, on ne rentrera pas tout de suite.

De l'autre côté du bois, l'eau venait lécher les premiers troncs. L'enfant contempla avec stupeur l'étendue du désastre. C'était la deuxième fois qu'il venait en ce lieu mais, maintenant que les eaux étales avaient pris possession de leur domaine, elles semblaient peut-être plus terrifiantes encore. Après avoir détruit par leur poussée presque tout ce qu'elles avaient rencontré, elles entreprenaient un patient travail de dissolution.

Joris vit au loin une maison, qui avait de l'eau jusqu'à la fenêtre du fenil, s'affaisser et disparaître. Elle se défit sans bruit, à cause de la distance, et il n'y eut plus, l'instant d'après, qu'un tourbillon autour d'un faîte de chaume qui dépassait encore.

« Pour sûr que notre maison s'écroulerait aussi ! » se dit l'enfant.

Il remarqua que l'eau, pourtant, n'avait pas progressé, et cela le rassura. Elle clapotait sur la bruyère comme au bord d'une mare paisible.

— Tu vois, la bique, elle ne monte plus !

Il se mit à courir. Il voulait aller jusqu'à la corne du bois, là où les arbres, sûrement, étaient...

Le corps d'un homme, étendu de tout son long, paraissait sans vie.

Joris s'immobilisa. Il jeta autour de lui un regard circulaire : il était seul, tout seul avec sa chèvre...

L'homme avait le torse nu et ses jambes, nues elles aussi, étaient bleuies par le froid. Ses mains tenaient de la terre à pleins doigts. Son visage, enfoui dans l'herbe, n'avait pas un tressaillement.

« Il est peut-être mort, pensa l'enfant, ou peut-être blessé. »

Il s'approcha sur la pointe des pieds, le souffle retenu.

— Avance donc, sale bique !

Mais la bique, qui n'en faisait qu'à sa tête, avait choisi la direction opposée. Elle bondit brusquement de côté et la corde fila entre les doigts de Joris.

— Va au diable ! lança-t-il.

La curiosité fut plus forte que la crainte. Oubliant la chèvre extravagante, il courut à l'homme, qui releva péniblement la tête.

Joris s'arrêta, prêt à fuir.

— N'aie pas peur, petit, je ne te ferai pas de mal, balbutia le blessé.

Il devait être à bout de forces car, ces mots à peine prononcés, sa tête retomba dans l'herbe et il ferma les yeux.

— Viens, reprit-il encore, viens. Dis-moi où je suis.

Le petit garçon fit un pas en avant.

— Ben, j'sais pas.

L'homme se redressa un peu et dit en montrant ses cheveux mouillés :

— Tu vois, j'ai nagé longtemps, très longtemps, et si tu savais comme je suis fatigué ! Je m'appelle Jan. Et toi ?

— ...

— Bon, je vois, tu ne veux pas répondre. Peut-être n'as-tu pas de nom !

L'enfant devint rouge de colère. Il fit trois nouveaux pas en avant.

— Si, j'ai un nom !

Il était maintenant tout près de Jan.

— Ah ! Lequel ?

— Joris !

— Joris ! Si j'avais un fils, je l'appellerais Joris...

Jan haletait. Des frissons parcouraient son dos ; son épaule lui faisait mal et, surtout, il avait très faim. Depuis des heures qu'il nageait, c'était son idée fixe : manger, calmer ces crampes qu'il ne parvenait pas à oublier... Du pain et un morceau de fromage !...

— Joris, j'ai très faim. Sais-tu où je pourrais manger ?

L'enfant se gratta la hanche et réfléchit longtemps.

— P'tre bien qu'à la maison...
— C'est loin ?
— Une demi-lieue. C'est par là.

Jan laissa retomber sa tête entre ses épaules. Il était appuyé sur ses deux bras tendus, incapable de se relever.

— J'ai encore une demi-lieue à faire...

Cela lui paraissait insurmontable. Il se coucha sur le dos et regarda le ciel.

— Faut aussi que je rattrape la bique, précisa l'enfant.

— Va. Va chercher ta chèvre. Je t'attends ici.

Joris partit en courant. Jan, tout à coup, se sentit très seul.

— Hé ! reviens ! Ne te sauve pas !

Joris avait déjà disparu dans le bois.

Jan se redressa et contempla l'immensité noyée qu'il avait devant lui.

« Je suis donc arrivé au bout, pensa-t-il. Je croyais bien n'y parvenir jamais. Mais Karel et Peet ? Sont-ils sauvés ? Peet n'était peut-être pas capable d'un tel effort... Karel l'aura aidé... Que dirai-je à Hendrickje si Karel ne revient pas ?... J'aime mieux ne pas y penser ! Ce n'est pas la peine de se faire du souci à l'avance. Pour le moment, je n'ai qu'une chose à faire : arriver à Utrecht. »

Maintenant qu'il avait fini de lutter avec tous ses muscles, il avait l'esprit assailli par des pensées douloureuses qui le mettaient au supplice. Devant la désolation étendue sous ses yeux, il se dit que c'était lui qui avait fait cela.

« On me l'a commandé, bien sûr. D'autres ont pris la décision. Je n'ai été que l'instrument au même titre que la poudre et que la mèche enflammée. Ou presque !... Mais c'est moi qui ai ouvert la brèche. Des gens sont morts dans cette eau, des bêtes, des maisons... Et c'est moi ! »

L'idée lui parut insoutenable. Il en ressentit un vrai mal physique.

« Cela devait être, se dit-il. Je devais obéir puisque je suis né hollandais. Il faut assumer les charges du pays dans lequel on vit ! »

Il grelottait de froid et de tristesse. Soudain, comme le soleil se faisait rougeoyant au ras de l'inondation, il comprit que le temps n'était plus aux retours sur soi-même. Il fallait agir maintenant.

« Oui, pensa-t-il, agir, construire. Il y aura du travail pour tous. C'est de bras qu'on aura besoin en ce pays, non de mon désespoir ! »

Et, comme un élan d'enthousiasme le traversait, il se leva pour suivre le petit garçon qui revenait avec sa chèvre.

La femme, quand ils arrivèrent, posa sa quenouille sur le banc de pierre où elle était assise et le regarda s'approcher. Tout son visage exprimait le soupçon mêlé d'inquiétude.

Cet homme à demi nu, aux longs cheveux agglutinés par la boue, ne lui inspirait pas confiance. Elle reprit vivement sa quenouille avec l'intention manifeste de s'en servir comme d'une arme.

— N'ayez pas peur, la mère, je ne vous veux pas de mal !

Il était hollandais ; elle se rassura.

— Dame ! fit-elle. C'est qu'il en passe par ici !

— Des Français ?

Elle haussa les épaules et reprit son travail avec des mouvements précis. On pouvait causer mais il fallait travailler. Elle avait déjà perdu assez de temps.

— Est-ce que je sais, moi ? Sûr qu'ils n'avaient guère figures de chrétiens, alors c'étaient sans doute des Français.

Jan se mit à rire. Il s'assit sur le banc en étirant ses jambes fatiguées.

— L'ennemi n'a jamais figure de chrétien, dit-il, sans quoi il ne serait pas l'ennemi.

Elle le regarda, étonnée, car elle ne comprenait pas ce qu'il lui disait. Comme elle ne voulait pas être en reste, elle répliqua :

— M'est avis, jeune homme, que vous avez besoin d'une chemise !

Il opina d'un mouvement de tête mais, plus qu'à la chemise, c'était au morceau de pain et au fromage qu'il pensait.

— Seulement voilà, continua la femme,

l'homme est avec les moutons, et puis... il n'a qu'une chemise !

— Ne vous faites pas de souci, la mère, le soleil brille ! Est-ce que j'ai besoin d'une chemise ? Par contre, un peu de pain, un gobelet de bière...

— Tout de suite, mon gars, il est sorti à peine du four.

Jan n'avoua pas que l'odeur du pain chaud, depuis qu'il était arrivé, lui faisait tourner la tête jusqu'au vertige.

— Mais ça, dit la paysanne en désignant du menton la blessure délavée à l'épaule. Vous ne croyez pas qu'on devrait s'en occuper ?

— La balle a été retirée.

— Je vais vous préparer un emplâtre. Entrez !

Elle mit de l'eau sur le feu après avoir jeté dans la marmite une poignée de plantes séchées qu'elle décrocha de la poutre maîtresse.

En attendant que la décoction fût prête, il mangea et elle le regarda manger. Maintenant qu'elle était assurée que son visiteur était hollandais, elle avait envie de compenser d'interminables heures de silence et surtout de savoir comment toute cette eau était arrivée à une demi-lieue de sa porte. Il devait bien avoir entendu les bruits qu'on colportait. Lui n'avait envie que de se taire et aussi d'achever le fromage qui s'amenuisait de plus en plus sur la planche de hêtre poli. Il eut encore un regard d'hésitation puis il dit en piquant le dernier morceau de la pointe de son couteau :

— Je n'ai pas mangé depuis deux jours.

Ce n'est qu'à ce moment-là qu'il remarqua l'intérieur misérable, la table grossière et bancale, le lit près de la cheminée, fermé par des rideaux sur lesquels la fumée de l'âtre avait laissé de grandes taches brunes.

— Je n'ai rien pour vous payer, la mère !

— Est-ce qu'on fait payer un morceau de pain, par chez nous ? répliqua-t-elle sèchement. Venez ça, que je regarde !

Il se laissa soigner, attendri par les gestes maternels. Elle lava la plaie, la pressa légèrement pour voir si rien de mauvais n'en sortait. La douleur, oubliée dans l'action, revenait, cuisante. Jan se sentait défaillir.

— Vous avez de la chance. La chair a été bien brûlée. Ne bougez pas sinon le pansement ne tiendra pas.

— Il me faudrait un guide pour aller à Utrecht. Je n'ai pas envie de tomber sur des dragons.

La paysanne alla vers le seuil et appela :

— Joris !

Puis, revenant à l'intérieur :

— Il est un peu sauvage, mais vous pouvez lui faire confiance. Il connaît toute la région.

— C'est votre fils ?

— Comme qui dirait. On l'a trouvé un jour, on l'a gardé.

— Vous ne croyez pas qu'il est un peu jeune ? La route est longue.

La femme ne daigna pas répondre. Elle pensait sans doute qu'il n'est jamais trop tôt pour se rendre utile. Elle était en train de mettre dans un sac une demi-miche de pain et deux grosses parts de fromage.

— Joris, dit-elle à l'enfant qui revenait de mauvaise grâce, le monsieur veut aller à Utrecht sans rencontrer de soldats.

— Y en a partout, grommela le sauvageon.

— Il faut le faire passer. Tenez, ajouta-t-elle en tendant les provisions à Jan, vous en aurez besoin. Et toi, petiot, n'oublie pas de rapporter le sac !

Le petit garçon attendait dans l'encadrement de la porte. Il n'avait prononcé que quatre mots à peine intelligibles, mais Jan savait qu'il pouvait lui faire confiance.

— Je te suis, bonhomme. Merci, la mère, merci pour tout !

Il partit, à travers la lande, sur les pas de l'enfant qui, obstinément, baissait la tête.

Chapitre 13

PEET avait quitté sa famille depuis quelques jours seulement mais, quand il la retrouva, il lui sembla qu'il en avait été séparé pendant une éternité. Il la rejoignit au lieu qui avait été fixé. La mère serra contre elle cet enfant qui lui revenait après tant d'heures d'angoisse. Elle n'eut pas la force de lui faire raconter ce qu'il avait enduré. Il était là, c'était bien. Le reste, on en parlerait plus tard, quand on aurait quitté la grange qui servait de maison. Trop de soucis assaillaient ces pauvres gens déplacés qui devaient commencer une vie nouvelle. Le père, comme tous les autres hommes, était parti offrir son travail en échange d'une miche de pain. Anja et Katrinka, elles, auraient bien voulu interroger leur frère sur ce qu'il avait vu. Elles auraient voulu savoir pourquoi il était aussi changé, pourquoi il semblait distrait, le regard absent, les pensées ailleurs.

Mais Peet n'avait pas envie de parler de tout cela.

— Katrinka, demanda-t-il, sais-tu ce que sont devenus Marijke et ses parents ?

— Ils habitent la bergerie, là-bas.

Le garçon allait partir en courant. A la porte de la grange, il se ravisa.

— Et... maître Boerhave ?

— Il y est aussi. Ils ont plus de chance que nous, ils sont moins nombreux. Le soir, ici, il n'y a pas assez de paille pour tout le monde. Père dit qu'il va construire une cabane, puis que...

Peet ne l'écoutait plus. Il était déjà sur le chemin de la bergerie.

Katrinka n'avait pas dit la vérité. Les réfugiés étaient aussi nombreux que dans la grange. Peet enjamba de jeunes enfants, contourna des groupes de femmes accroupies qui, avec rien, essayaient de créer quelque chose pour que la vie fût possible. Une lavait du linge dans un pot qu'elle utiliserait ensuite pour cuire une maigre soupe. Une autre triait des herbes comestibles de la lande en prenant bien soin de n'en pas perdre une feuille. Une troisième ne faisait rien. Assise sur une vieille mangeoire, elle pleurait sans bruit et, de temps en temps, elle s'essuyait les yeux de ses paumes calleuses.

Peet fit le tour de la bergerie sans trouver Marijke. Il l'aperçut enfin, assise au bord d'une haie. Elle surveillait un groupe d'enfants qui lui avaient été confiés. Malgré toutes les épreuves traversées, comment réussissait-elle à garder cet air propret, cette jupe sans un pli et ces joues si roses ?

Elle ne vit pas arriver le garçon. Songeuse, elle jouait avec les brins d'herbe et elle pensait aux problèmes qu'apportait chaque jour.

Il l'appela doucement pour ne pas l'effrayer. Elle leva la tête. Il vit combien elle était heureuse de le retrouver.

— Peet !

Ils s'embrassèrent dix fois, vingt fois, à coups de baisers sonores, avec de grands éclats de rire.

— Ô ! Peet ! Je croyais que jamais tu ne reviendrais !

Lui ne savait par quoi commencer. Il avait tant de choses à raconter ! Il voulait dire tout ce qu'il avait bravé pour retrouver l'herbier. Il voulait aussi se faire pardonner leur querelle et ce mouvement brutal dont il n'était pas très fier.

— Dis-moi tout de suite, t'es-tu blessée en tombant au milieu des chevaux ?

Marijke comprit qu'elle tenait là une petite vengeance.

— Tu n'as pas remarqué ? fit-elle. Je boite depuis. Un coup de sabot sur la cheville.

— Ça te fait mal ?

— Affreusement.

— Je regrette beaucoup, Marijke.

— Tu peux le regretter ! Est-ce que je savais, moi, où était l'herbier ? Jan ne m'a rien dit ! Personne ne m'a rien dit ! Est-ce que je pouvais deviner ?

— C'est vrai. Je me suis emporté, je n'ai pas réfléchi. Mais as-tu vraiment mal ?

Elle vit son air anxieux, sa gentillesse et son regret sincère. Elle en fut toute contente.

— Mais non, bêta ! C'était pour rire ! Tiens, regarde !

Et, pour bien lui prouver que sa cheville n'était pas endolorie, elle dansa sur l'herbe du pré.

⁂

— Pourquoi vous êtes-vous dérangée ? J'étais bien capable de préparer cela tout seul !

— Vous seriez parti sans manger !

— Mais non ! J'ai pris du pain, deux saucisses et même des cerises que j'ai trouvées dans un compotier. Vous voyez, je fais comme chez moi !

Jan lut sur le visage blond d'Hendrickje les marques de la fatigue qu'elle tentait de dissimuler.

— Comment va Karel ? demanda-t-il.

— Il dort. Je crois qu'il va mieux. Le médecin m'a dit hier qu'il avait eu un refroidissement très grave mais qu'il était d'une constitution forte et qu'il guérirait.

— Il guérira, Hendrickje, je vous l'assure !

Jan détourna la tête parce que des larmes, soudain, étaient montées aux yeux de la jeune femme et qu'il avait vu un frémissement des lèvres, un mouvement des sourcils, tous ces efforts d'Hendrickje pour surmonter un instant de faiblesse.

— Je serai de retour ce soir, fit-il. Nous avons rendez-vous à deux lieues de la sortie d'Utrecht.

— Jan, maintenant que vous avez fait tout ce que vous deviez faire, ne tentez pas le diable. Vous risquez d'être capturé, et pour rien !

Il sourit en tendant son bol qu'elle remplit de lait.

— Ne vous inquiétez pas pour moi, dit-il avec douceur. Je n'ai aucune envie de me faire prendre. Mais je trouve que Peet a bien mérité cela. C'est à lui que nous devons ce que je me propose de lui montrer. Un petit garçon d'auberge. C'est étonnant, non, quand on y pense ? Savez-vous qu'il n'a pas faibli un seul instant ? Un drôle de gaillard pour quinze ans ! Si vous...

Il termina sa phrase dans un éternuement qu'il essaya de rendre aussi discret que possible.

— Vous voyez, fit-il en riant, je m'en tire aussi avec un rhume. Cela n'a rien de surprenant, d'ailleurs ! Je m'en vais maintenant. Soignez bien notre Karel ! Un bon lait de poule !

Jan emporta avec lui l'image des cheveux blonds d'Hendrickje et de sa robe d'un vert sombre qui allait si bien avec ses yeux clairs.

La maison de l'oncle de la jeune femme était située hors de la ville. Il s'en félicita car il pouvait ainsi éviter les rues d'Utrecht encombrées de soldats français.

L'aurore était remplie d'oiseaux et de bruits paisibles. Jan, après tant d'heures de nage, foulait la terre ferme avec un grand bonheur reconnaissant. Il prenait plaisir à écraser de son pied les herbes folles qui balançaient au-dessus du sentier leurs têtes déjà lourdes de graines. Après les tourments physiques et moraux qu'il avait endurés, cette marche dans le matin lui apportait le répit.

— At... choum ! !

Il éternua de toutes ses forces. En faisant le plus de bruit possible. Qu'importait, après tout, puisqu'il n'y avait, autour de lui, que des herbes et des oiseaux ? Il savait que le lendemain peut-être, ou bien avant, d'autres pensées viendraient qui seraient douloureuses. Il fallait donc profiter de cette heure.

Peet était au rendez-vous sur la berge du Vieux-Rhin. Assis au milieu des joncs avec trois vaches près de lui, il avait l'air non pas d'un saboteur de digue mais d'un petit berger comme tant d'autres, occupé à jeter des gravillons dans l'eau. Il semblait profondément intéressé par les ronds qui s'élargissaient à la surface du fleuve, se heurtaient et se brisaient chaque fois qu'un nouveau petit caillou était lancé.

— Il y a longtemps que tu es là ?

Peet ne répondit pas car, au même moment, il venait d'éternuer si fort qu'il n'entendit pas la question de Jan.

— On dirait que tu es enrhumé !

Il se retourna. Il aperçut pour la première fois un sourire sur le visage de son ami. Alors il voulut être gai lui aussi, spirituel ; il chercha quelque chose de drôle qui conserverait la gaieté inhabituelle de Jan.

— Je... j'ai pris un bain forcé...

Et il rit un peu niaisement parce que ce n'était pas la repartie qu'il avait espéré trouver.

— Tu ferais mieux de n'en pas parler en ce moment ! Les Français n'aiment pas les gens mouillés ! Filons ! Il faut faire un grand détour.

Le garçon ne se le fit pas dire deux fois. D'un bond il fut debout ; en quelques enjambées il regagna le sentier.

— Non ! Ce n'est pas la peine d'aller si vite, nous avons tout de même le temps ! Comment va le moral des réfugiés ?

— Plutôt bon ! Mais il y a le manque de nourriture et tous ceux qui nous font payer très cher le peu qu'ils nous vendent.

— Les profiteurs de guerre ont toujours existé. Ça aussi, c'est un mal inévitable. Ne les envions pas !

— Père dit que la situation sera terrible, cet hiver. Croyez-vous qu'il faudra encore ouvrir les digues ?

— Je ne sais pas. Mais ton père a raison : l'hiver sera terrible.

— Agatha est furieuse. Elle ne se console pas d'avoir abandonné son auberge. Maître Cornélius a bien de la patience !

— Je m'en doute !

— Ratche n'est pas revenu. Mais comment aurait-il pu nous retrouver ?... Je suis sûr qu'il n'est pas mort ! Je crois qu'il a réussi à nager. Quelqu'un l'aura recueilli.

— Peut-être ! Je te l'ai déjà dit : quand je l'ai

laissé, il nageait avec une véritable obstination.

— Oh ! Ça ne m'étonne pas de lui. Je le connais !

Ils n'en parlèrent plus.

Ils marchèrent pendant une heure, en évitant les routes. Peet suivait son ami et il finit par lui poser la question qui, depuis la veille, n'avait pas eu de réponse.

— Où me conduisez-vous ?

— Tu le verras !

— C'est encore loin ?

Silence. Mais ce qui intriguait le plus Peet, c'était qu'il n'avait jamais vu Jan aussi détendu. Il est vrai qu'ils se connaissaient fort peu. Et puis soudain, ces mots, au moment où on ne les attendait plus :

— Nous allons là-bas !

Au bord de la route, une grange débordait de foin nouvellement coupé. Les deux promeneurs y entrèrent. Jan chercha l'échelle qu'il appuya sur le mur pour grimper au sommet de l'herbe odorante, jusqu'à une petite fenêtre. Là, ils se blottirent dans un coin d'ombre. Peet à plat ventre. Jan assis, les genoux au menton, la main gauche crispée sur l'épaule endolorie.

L'homme s'amusait de l'ahurissement du garçon.

— Nous n'avons plus qu'à attendre, maintenant.

Ils n'attendirent pas longtemps.

Il y eut d'abord un nuage de poussière qui monta au-dessus des prés.

Puis une rumeur confuse.

Des cris sourds, venus de loin. Des ordres brefs lancés par des voix impérieuses.

Le choc des sabots de chevaux sur le chemin.

— Qu'est-ce que c'est ? demanda Peet en se dressant sur les poignets et en passant la tête par la fenêtre.

— Tu vas le savoir. Mais je te conseille de ne pas te montrer si tu ne veux pas que nous brûlions avec la grange.

Peet lança à son compagnon un regard rempli d'inquiétude. Jan allait-il l'entraîner dans une autre aventure ? Était-il vraiment un de ces êtres qui surgissent dans la vie des gens pour leur apporter la tempête et disparaître ensuite quand tout est détruit ? Quel était ce nouveau danger qui venait du bout de la route ?

Les yeux de Jan n'avaient jamais été aussi gris, aussi clairs qu'en cette heure. Son visage rayonnait. Peet ressentit pour son aîné un grand élan d'affection.

Des cavaliers apparurent. Un groupe de dragons qui ouvrait la marche. Ils passèrent sous la fenêtre en faisant résonner le pas de leurs montures. Derrière eux, toute une armée. Des soldats, des oriflammes, des chevaux, des trompettes qui miroitaient au soleil levant.

— Ne te montre pas !

— Ce sont... ?

— Les Français.

— At... choum !

— Chut !

— Ben ! Avec le rhume que j'ai !

— Pince-toi le nez !

— Où vont-ils ?

— Chez eux.

Jan avait parlé d'un ton simple, sans aucun enthousiasme. Derrière ce repli d'une armée ennemie, il voyait le sacrifice que le pays avait dû consentir. Il n'était pas de ceux qu'exaltent les victoires.

Pour lui, toute guerre était l'addition des malheurs de deux camps qui auraient pu vivre côte à côte.

— Mais alors, s'écria Peet, la guerre est finie !

— Finie ? Non, elle n'est pas finie. Il ne faut pas oublier l'hiver qui se prépare. Ne te montre pas !

Le défilé dura longtemps. Des soldats à pied marchaient, l'œil vague, isolés en eux-mêmes, indifférents à ce chemin qu'ils savaient interminable, à ce paysage qui n'était pour eux que la terre de leurs peines. D'autres bavardaient sourdement, échangeant sous le manteau des regrets hargneux et des pincées de tabac. D'autres enfin riaient très fort, la plaisanterie aux lèvres, la chanson prête à jaillir de la gorge pour redonner courage aux défaillants.

Après eux, au milieu des fanfares, des piétinements, des appels, d'autres cavaliers passèrent, brillants, richement parés.

Puis un carrosse doré, tiré par six chevaux blancs des meilleurs haras de France, encadré par quatre nobles montés, surchargé de laquais, et... qui était vide.

Il y eut encore des carrosses aux fenêtres closes, des cavaliers, des soldats, beaucoup de soldats. La chaleur, qui augmentait, congestionnait les visages. La poussière du chemin mettait un voile sur ce chatoiement de couleurs.

Peet se souvint de cette armée envahissant le pays, des dragons terrorisant la mère de Marijke, de ceux qui avaient tiré sur lui du haut des remparts de Naarden. C'étaient les mêmes qui fuyaient à présent devant la montée des eaux. Et ces eaux, qui les avait lâchées ?

— Hé !... murmura-t-il comme pour lui seul, c'est bien grâce à nous !

— Ne t'en vante pas. Tu as fait ton devoir parce qu'il fallait le faire, mais c'est tout.

— Vous n'êtes pas fier de vous, Jan ?
— Non.
— Pourtant...

Jan, tout à coup, saisit le bras de Peet. D'un mouvement du menton, il montra le groupe de cavaliers qui arrivait.

A leur tête, chevauchait un homme à l'allure martiale et qui pouvait avoir un peu plus de trente ans. Ses bottes à entonnoir enserraient les flancs de l'étalon ; sa culotte rouge, les manches de son pourpoint de velours vert attiraient le regard. Un large ruban bleu barrait sa casaque de cuir. Dans sa main, une sorte de bâton court, très orné, dont Peet ne comprenait pas l'utilité.

De sa vie, le garçon n'avait vu plus beau cavalier. Il s'avança un peu pour ne rien perdre de la scène, mais la main vigoureuse de Jan le ramena au creux du foin.

— Ce n'est pas le moment !

Peet regarda son compagnon.

— C'est... ? chuchota-t-il.
— Louis XIV.

« Le voici donc ! pensa le jeune garçon. Jan a beau dire, si je n'étais pas arrivé à Amsterdam, hein !... »

Il ne questionna plus Jan. Il venait de voir, dans les yeux de celui-ci, une petite flamme amusée. Amusée ? Oui, certainement, mais

aussi perçante et marquée d'un rien de colère ou, peut-être bien, de mépris.

Le cavalier, comme obéissant à un obscur instinct, leva la tête vers la grange. Son visage parut presque brutal à tant montrer d'autorité. Sous le chapeau aux grandes plumes frémissantes, le front restait soucieux.

Soudain, Louis XIV se tourna vers un des nobles de sa suite qui freinaient respectueusement leurs montures pour ne pas dépasser le royal capitaine. Après quelques mots échangés, superbe, ne voulant voir sans doute dans ce pays inondé que les preuves éclatantes d'une magnifique victoire, il piqua des étriers.

Jan frappa de son poing droit la paume de sa main gauche.

— Ah ! Si je pouvais...

— Quoi donc ?

— D'un coup d'épée, couper un peu le bout de son panache !...

Note historique

Le roi d'Espagne avait reconnu l'indépendance des Provinces-Unies en 1648.

La République des Provinces-Unies était une fédération de sept provinces qui avaient chacune une administration propre : une assemblée législative, un chef d'État appelé Stathouder et un Premier ministre qui portait le titre de pensionnaire.

De plus, un gouvernement fédéral des Provinces-Unies s'occupait des affaires communes aux sept provinces. Ce gouvernement comprenait une assemblée (les états généraux), le Stathouder général (le plus souvent pris dans la famille d'Orange) et le grand pensionnaire (Jean de Witt occupa ce poste de 1653 à 1672).

De toutes les provinces, la Hollande était la plus riche et la plus importante, si bien qu'on appelait le plus souvent Hollandais tout habitant, de quelque province qu'il fût.

Les Provinces-Unies devinrent opulentes grâce au commerce maritime. Les Hollandais faisaient du commerce, non seulement avec l'Europe, mais encore avec les pays lointains de l'Extrême-Orient puis avec les Amériques. On les appela les « Rois de la mer ». Toutes les marchandises du monde s'entassaient sur les quais d'Amsterdam.

En 1672, la France et l'Angleterre déclarèrent la guerre aux Provinces-Unies. Louis XIV était poussé par son orgueil et par l'insistance de Colbert qui voulait porter un coup mortel au commerce hollandais. Une armée française de cent vingt mille hommes, commandée par Condé et Turenne, envahit rapidement toute la Hollande. Les villes tombèrent une à une. « ... Déjà, Naarden, voisine d'Amsterdam, était prise. Quatre cavaliers, allant en maraude, s'avancèrent jusqu'aux portes de Muyden, où sont les écluses qui peuvent inonder le pays... » (Voltaire).

Pour arrêter l'invasion, les Hollandais crevèrent les digues comme ils l'avaient déjà fait plusieurs fois au cours des siècles passés et devaient encore le faire plus tard. Ils conférèrent à Guillaume d'Orange le titre de Stathou-

der général, malgré l'opposition de Jean de Witt qui fut assassiné au cours d'une émeute.

Louis XIV ne pouvait poursuivre ses conquêtes dans un pays inondé. Laissant son armée en Flandre, il revint à Saint-Germain (juillet 1672). Cependant, la guerre ne devait se terminer qu'en 1679, par la paix de Nimègue.

Cet
ouvrage,
le deux cent
vingt-septième
de la collection
CASTOR POCHE,
a été achevé d'imprimer
sur les presses de l'imprimerie
Maury Eurolivres SA
45300 Manchecourt
en août
1992

Dépôt légal : juillet 1988.
N° d'Édition : 17103. Imprimé en France.
ISBN : 2-08-161960-1
ISSN : 1147-3533
Loi n° 49-956 du 16 juillet 1949
sur les publications destinées à la jeunesse